KB003256

독자님, 이렇게 책으로 만나뵙게 되어 영광입니다.

블로그, SNS, 유튜브 등에 이 책을 읽은 리뷰를 남겨주시면

큰 힘이 됩니다.

리뷰에는 사진을 찍어 올려주시면 더욱 감사합니다♡

동영상으로 촬영하셔도 됩니다.

독자님의 따뜻한 감상평은 독서의 시간을 더욱 아름답게 할 것입니다.

앞으로도 더 좋은 책으로 만나뵙겠습니다.

초진 환자를 늘리는 병원 홍보마케팅 기술

더이상 실력만 믿고 기다릴 수 없다
공부하는 의사의 마케팅 실전 매뉴얼

초진 환자를 늘리는 병원 홍보마케팅 기술

초판 1쇄 발행 | 2020년 8월 25일
초판 2쇄 발행 | 2023년 6월 12일

지은이 | 한지예
펴낸이 | 김지연
펴낸곳 | 생각의빛

주 소 | 경기도 파주시 한빛로 70 515-501

출판등록 | 2018년 8월 6일 제 406-2018-000094호

ISBN | 979-11-90082-62-4 (03190)

원고 투고 | sangkac@nate.com

ⓒ한지예, 2020

* 값 14,500원

* 생각의빛은 삶의 감동을 이끌어내는 진솔한 책을 발간하고
있습니다. 참신한 원고가 준비되셨다면 망설이지 마시고 연락
주세요.

초진 환자를 늘리는 병원 홍보마케팅 기술

더이상 실력만 믿고 기다릴 수 없다
공부하는 의사의 마케팅 실전 매뉴얼

한지예 지음

생각의빛

프롤로그

원장님들과 미팅할 때마다 느꼈던 게 있었다. 치료, 수술, 질병에 대한 부분을 이야기할 때는 매우 똑똑하다는 점이다.

하지만 우리 병원의 마케팅을 이야기할 때면 달라진다. 먼저 생각해보자. 병원 광고 쪽 일을 하는 업체 중에 정직하거나 진실한 곳이 몇이나 될까? 아마 극히 드물 것이다. 그래서 업체에서 하는 말을 전부 100% 믿는 건 비추지만 100% 혹은 120% 믿는 원장님을 옆에서 지켜보며, 안타까울 때가 많았다. 정말 믿지 못할 말만 하는데도 불구하고 그걸 그대로 믿고 있는 것 자체가 이해되지 않았기 때문이다.

'광고비를 저렇게 많이 주는데, 저 정도밖에 왜 못 할까?'
'왜 많은 인력을 구축하고도 결과가 저것밖에 되지 않을까?'

'왜 모든 채널을 다 가능하게 만들어 놓고 결과가 저것밖에 나오지 않는 걸까?'

전부 맡겼고, 믿었기 때문이다. 원장님이 광고에 대해 어느 정도 알고 있으면 대화가 통한다는 장점이 있다. 반대로 너무 많이 알고 있으면 피곤하다. 그래서 더 이상의 접근을 막은 경우도 많다.

원장님은 프라이드를 갖고 의료행위를 하며, 다른 사람에게 말하지 않는 본인만의 노하우가 있을 것이다. 광고하는 사람도 마찬가지이다. 결과를 보면 금세 파악할 수 있지만, 원장님에게는 말하지 않았을 수 있다. 그저 희망적이고 좋은 말만 되풀이했을지 모른다. 그래서 업체 사람의 말을 듣고 시작한 광고였지만, 결과적으로 상처를 받은 원장님들의 하소연은 끝이 없었다. 근데 그런 이야기를 들을 때마다 '어휴, 왜 속지?'라는 생각이 들었다. '누가 봐도 이상할 만큼 믿을 수 없는데……' 싶어서이다.

그래서 이 책은 처음 병원 광고를 시작하기 위해 알아보거나 현재 진행 중이지만 확신이 없는 원장님들을 생각하며, 효율적인 마케팅 실무 노하우를 담았다.

하지만 이 책에는 '어떻게 해야 잘 뜬다.' '어떻게 하면 최적화 또는 씨랭크 블로그를 만들 수 있다.' 등 조금의 팁은 있겠지만, '100%로 이렇게 해야 한다.'라는 방법은 기대할 수 없다. 왜냐하면, '누군가를 위한 비법은 필요 없다'고 생각하기 때문이다. 블로그나 카페, 지식인, 보도 자료 등 어떤 매체든 조금 더 잘할 수 있는 비법이 있거나 있을 수 있지만, 그걸 매뉴얼로 만드는 것은 의미가 없다.

'이렇게 하면 잘 되고, 저렇게 하면 망한다.'는 내용보다 중요한 건 기본이다. 기본이 되는 정석을 먼저 알아야 한다.

아무리 내가 꼼수(편법이나 어뷰징)를 좋아해도 그건 오래가지 못한다는 것을 알고 있기 때문이다. 그래서 잠깐 반짝할 뿐, 아무리 효과 좋은 꼼수라고 해도 포기해야 할 것이 많거나 이후 해법을 찾지 못하는 경우라면 차라리 처음부터 시도하지 않는 게 나은 것도 있다.

또한, 각자가 겪은 게 달라서 알고 있는 방법도 전부 다르다.

예를 들어서 블로그이다. 어떤 이는 하루에 1개의 문서 발행 외에는 위험하다고 하고, 어떤 이는 2개, 어떤 이는 7개~8개를 발행해도 무방하다고 이야기를 한다. 그것은 각자가 써왔던 방식이었다. 그렇게 했을 때 어떤 이는 운이 좋게 살아남았고, 어떤 이는 운 나쁘게 바로 망가졌을 뿐, 그게 정답이라고 정의할 수 없다.

결국, 이 책에서 말하고자 하는 내용은 '이 정도는 알고 있겠지.'라며, 설명할 때 막상 아무것도 모르지만 '내가 의사인데 그것도 모른다고 하면 안 되겠지?' 싶거나 '무시할까 봐.' 몰라도 고개를 끄덕이고 있는 원장님의 기본서가 되었으면 하는 바람이 있었다.

게다가 업체 중에는 일부러 어려운 단어를 쓰는 사람이 종종 있다. 그 사람들끼리 대화할 때는 당연하게 쓰는 단어일 수 있다. 키워드, 상위 노출, 모통(뷰), 로직, VPN, 어뷰징, CPC, CPT, CPR, 랜딩 페이지 등 쉽게 풀어도 될 용어이다.

그런데 일부러 어렵게 말하는 경우가 있다. 이렇게 모르고 지나치는 용어, 실무 내용 등에 대해 이번 기회에 알아갔으면 좋겠다.

왜 썼을까?

'블로그 천 명 만들기.'

'블로그 꾸미기.'

'파워블로거 되는 법.'

'블로그로 천만 원 벌기.'

'인스타그램으로 천만 원 벌기.'

온라인 마케팅과 관련된 책은 서점이 아니더라도 검색만 하면 수없이 많이 나온다. 그래서 '책을 사서 읽어보면 될까?' 싶은 기대를 했을 수 있다. 아마도 '책 한 권만 읽고 따라 하면 누구나 성공할 수 있다'라고 했기 때문이다. 정말일까? 이러한 책은 창업을 앞두고 있거나 1인 사업자, 소상공인을 겨냥한 경우가 대부분이다.

병원은 예외이다. 생명을 다루는 병원은 의료법 때문에 제한되는 부분이 많다. 그래서 적용이 어렵다. 또, 병원 마케팅과 관련된 책도 꽤 많이 찾아볼 수 있는데 어떨까? 브랜딩을 강조한 책이 대부분이다.

'브랜딩' 하면 뜻은 좋다. 네이버 지식 백과에서 보면 소비자들의 머리에서 시작해서 감정적으로 느끼는 것이라며, 진정한 경험을 창조하고 소비자와 진실한 관계를 발전 시켜 나가는 과정과 관계의 구축을 통해 형성된다고 정의하고 있다.

그래서 브랜딩 구축을 설명할 때, 가장 많은 예시가 스타벅스, 코카콜라, 나이키 등 세계적으로 유명한 브랜드가 아닐까? 막상 우리나라의 유명한 브랜드를 예로 드는 경우는 별로 없다. 삼성, LG, 현대 같은 대기업이 아닌, 1인 기업으로 시작했다가 브랜딩을 통해 성공한 사례는 생각보다 많지 않기 때문이다.

병원도 마찬가지이다. 우리 병원만의 브랜딩 구축이라고 하면 말과 뜻은 좋다. 큰돈들이며, 공격적으로 광고하지 않더라도 사람들이 들었을 때, 딱 떠오르는 병원 이미지가 있다면 말이다.

과연 이렇게 딱 떠오르는 병원이 몇 군데나 있을까? 3차 대학병원이나 동네에 정말 하나, 두 개밖에 없는 병원이라면 가능하겠지만, 이미 포화 상태가 된 경쟁 속에서는 불가능할 수 있다. 특히 광고의 필요성을 느끼는 병원 대부분은 경쟁이 치열한 진료과목이다. 피부과, 성형외과, 산부인과, 치과, 한의원 등이 대표적이다. 치과 하면 네트워크 치과가 떠오르거나 임플란트하면 다른 곳보다 유난히 싼 값 때문에 떠오르는 곳이 있을 수 있다. 지방 흡입하면 떠오르는 병원, 허리디스크 비수술 한방치료하면 떠오르는 한방병원 등이 있다.

막상 이렇게 떠오르는 병원은 극히 드물다. 그래서 광고를 통해 우리 병원을 알려야 한다. 이때 브랜딩도 중요하지만, 정작 급한 건 마케팅이다.

그런데 광고업체와 만나서 무엇을 질문하고, 무엇을 알아야 하는지, 매번 들어봤지만 들을 때마다 헷갈리는 마케팅 용어, 꽤 많은 광고비를 매달 내면서 우리 병원의 광고가 잘 진행되고 있는지 확인하는 방법 등 궁금증은 끝이 없을 정도이다. 그래서 마케팅, 병원 마케팅 등의 책을 참고하기도 하지만 실무적인 부분에 대해 제대로 설명하는 책은 거의 찾아볼 수 없었다. 있다고 하더라도 온라인마케팅 책에 10장~20장 남짓한 병원마케팅에 대한 소개가 대부분이었다. 즉. 중요한 내용이 빠진 것이다. 그래서 단순히 짤막한 내용이나 브랜딩에 대한 설명이 아니라 '전체적인 병원 광고, 홍보 마케팅을 실무자가 직접 설명하고, 원장님도 알아두면 좋겠다.' 싶은 내용을 담았다.

특히 병원 광고, 브랜딩 등 마케팅 서적이 많지만, 병원마케팅 실무자가 설명한 책이 없던 만큼 다른 부분을 담고 싶었다.

그리고 평소 일하는 중간에 원장님들이 질문하면 제대로 대답하기 힘든 경우가 많다. 왜냐하면, 일이 쌓이기 때문이다. 게다가 질문에 답변하고 나면 끝이 아니라 또 다른 질문을 하는 경우가 많아서 적당히 답변할 때가 많았다. 원장님들이 평소 질문하는 부분이나 알아두면 좋을 실무 내용에 대해 좀 더 자세히 설명하고 싶었다. 이상적인 말과 계획이 아닌, 실제 어떻게 마케팅이 진행되는지에 대한 부분이다. 이를 통해서 우리 병원의 광고전략을 재정비했으면 하는 바람도 있다.

또한, '상위 노출이다.', '체험단이다.', '모바일 뷰다.', '동영상이다.' 등 인기 많은 광고매체 제안에 더는 휩쓸리지 않았으면 좋겠다. 전략적인 계획을 통해 유행을 이끄는 우리 병원의 광고를 시작하길 바란다.

의사도 마케팅을 공부해야 하는 이유

'내 의료시술의 능력, 우리 병원의 인테리어, 상권 등 이 정도면 충분하지!' 라고 생각했을까? 아니면, 개원만 하면 환자들이 물 밀 듯이 넘쳐나서 금방 명의로 거듭날 것이라고 예상했을지 모른다. 졸업하고 바로 개원하거나 봉직의가 되어 몇 년을 지내다가 '이제 개원해야지!'라고 마음을 먹은 순간부터 생각할 수 있다. '이 정도의 실력이면 충분히 성공할 수 있다' 싶은 것이다.

과연 그럴까? 처음 개원하고 개업 효과를 받으면 환자가 어느 정도 있을 수 있다. 아니면 기존 병원을 인수할 때, 환자 DB도 함께 받아서 초기에는 나쁘지 않았을 것이다.

하지만 이런 거품은 생각과 달리, 오래가지 않는다. 원장님 입장에서는 같은 자리에 의사만 바뀌었을 뿐이라 싶지만, 기존에 환자는 예전의 원장님을 찾아가는 경우가 많다. 그래서 환자가 점점 줄어들면 결국 '매출을 올리기 위해서는 광고가 필요할까?' 싶은 것이다.

꼭 병원이 아니라도 마찬가지이다. 화장품이나 음식점 등 분명 다른 분야인데도 불구하고 대표님들이 하는 말은 모두 비슷했다. 화장품의 경우 기존 대기업 제품과의 차별점을 설명하며, 자랑을 늘어놓는다. 대기업에서는 단가가 비싸서 쓰지 않는 원료를 넣었다. 미백과 주름, 탄력, 염증 등 좋은 기능은 다 가능하다고 설명한다.

이렇게 좋은 이야기를 한참 듣고 난 후에

"왜 매출은 오르지 않을까요?"

라고 질문을 하면 사람들은 제품의 성분이 아닌, 브랜드를 구매하기 때문이라고 했다. 제품만 보면 우리 제품이 어떤 대기업 제품과 견주어도 손색이 없다고 말할 정도의 자부심이 강한 것이다.

비단 화장품만이 아니다. 맛집이라고 소문난 음식점보다 우리가 맛도 좋고, 더 건강식이라고 이야기하거나 건강식품은 거의 만병통치약처럼 항암, 면역력 강화, 혈액순환 개선 등 좋은 건 다 갖다 붙여서 좋다고 하는 예도 있다.

그런데 아무리 좋은 제품, 음식 등 자부심 품고 만든 분신 같은 존재라도 알아주지 않는다면 소용없다. 그래서 컨설팅을 받고 광고를 문의하는 것이다.

병원도 똑같다. 의료진의 실력이 매우 뛰어나서 명의라고 소문이 났거나 대학병원 정도의 유명한 병원이 아닐 경우 말이다. 아무리 우리 원장님의 실력이 좋고, 치료, 수술을 잘한다고 해도 알리지 않는다면 어떨까? 알아서 찾아와 주길 손꼽아 기다리고 있어봤자 소용없을 뿐이다.

어쩌면 '의사가 장사꾼도 아니고, 광고까지 해서 환자 유치를 해야 해?'라고 생각했을 수 있다. 물론 '틀리다'라고 할 수 없지만, 병원이 넘쳐나며, 공급이

포화 된 지금이라면 어떨까? 알리지 않으면 소용없다. 그래서 좋은 제품, 서비스, 치료, 시술, 수술 등 전부 최고라고 해도 누군가에게 알리고 소개해야 한다. 이상만 좇아 의료소비자가 찾아오기만 기다리는 건 쉽지 않기 때문에 병원도 광고가 필요한 것이다.

그런데 막상 '어떤 매체가 좋고, 좋은 광고업체는 어디일까?' 싶어서 고민만 하는 경우가 있다. 아니면 이미 개원하고 광고를 진행하는 선배, 동기, 후배를 만나서 광고업체를 소개받거나 조언을 얻는 일도 있다. 근데 그들도 어쩌면 우리 병원을 맡은 광고업체가 엄청나게 '마음에 든다.', '뛰어나다', '흡족하다' 정도까지는 아니었을지 모른다. 다만, '아예 모르는 업체보단, 그나마 낫겠지' 싶은 생각을 하며, 맡겨보라고 했을 수 있다.

그래서 광고를 시작했을까? 광고만 시작하면 금방 매출이 상승세로 돌아설 것 같았지만, 현실은 아니었을지 모른다. 시작하기 전과 비교해 볼 때 피부에 와 닿을 정도의 차이를 느끼지 못했을 수도 있다. 도대체 무슨 이유 때문일까? 분명 처음 광고업체와 미팅을 할 때만 해도 광고를 하지 않아서라며, 광고만 하면 매출이 오른다고 했을 것이다. 그 말만 믿고 진행했지만 크게 달라진 게 없다면 어떨까? '속은 걸까?' 싶을 만큼 답답할 수 있다.

업체를 바꾸는 게 나을까 싶기도 하겠지만, 우선 알아야 한다. 더는 의사의 실력만으로 우리 병원이 유명해지기를 바라는 시대는 지났다. 그래서 광고가 필요한데, 이를 위해서는 의사도 마케팅을 알아야 무엇이 잘못된 것인지를 유추할 수 있기 때문이다.

특히 직원의 포스팅 개수, 대행업체의 키워드 상위 노출 개수, 키워드 광고 순위, 파워컨텐츠 순위, 보도 자료 키워드 순위 등 보이는 것에만 집중하는 건 마케팅의 전부가 될 수 없다.

하지만 광고의 효율성을 잘 모르는 만큼 보이는 부분에 집중했을까? '많이 보이는 게 중요하지' 싶을 뿐, 어떤 전략도 없었을 수 있다.

그러나 이제는 그저 보고서만 받고 끝나서는 안 된다. 업체를 바꾸거나 새로운 광고매체를 늘리기 전에 우리 병원의 마케팅이 제대로 진행되고 있는지를 파악하는 게 우선이기 때문이다. 따라서 경쟁력 있는 올바른 광고를 진행하기 위해서 기본부터 알고 시작하자.

제1장

병원 광고

'알수록 보인다.'

'아는 만큼 보인다.'라는 말이 있다. 어떤 분야든, 알면 알수록 무슨 말을 하는지, 무슨 뜻인지 등을 깨닫게 되는 것이다.

병원 광고도 마찬가지이다. 막상 보고, 알고 나면 '별것 없다' 싶을지 모른다.

하지만 제품, 서비스, 인지도를 높이는 광고와 달리, 병원은 의료법을 준수해야 한다. 근데 의료법을 준수하며, 광고를 진행하다 보면 제약이 따르기 때문에 아리송함은 커지기 마련이다. 그래서 병원 광고를 진행하기 위해서는 많은 공부가 필요하다. 그저 상주하는 직원에게 맡기거나 '월 얼마 정도의 광고비를 내면 됐지.' 싶겠지만, 직원이나 광고업체는 모든 정보를 전부 알리지 않는다. 말없이 진행하다가 무슨 일이 터진 후에야 수습을 위해서 겨우 말하는 경우가 대부분이다.

게다가 말한다고 해도 명확한 해답을 제시하기보단, 두루뭉술한 말이 전부이진 않았을까? '로직 변화 때문이며, 블로그가 저품질 되었다', '카페가 망가졌다.', '카페 아이디가 망가졌다.' 등이다. 이미 망가지고 난 후에 구매를 위해 비용청구만 할 뿐, 왜 그렇게 되었는지를 제대로 들은 적 있는지 곰곰이 생각해보자.

다시 복구하겠다는 말만 되풀이할 뿐,

"이런저런 상황에서 이렇게 진행했기 때문이다."

는 이야기 자체는 아예 들어본 적 없었을 수 있다. 왜 진작 이렇게만 했는지, 다른 병원을 모니터링 하지 않았던 건지, 앞으로도 이런 상황이 지속해서 발생할지 등 한 가지에도 많은 질문이 쏟아질 것이라고 예상하여 애초에 자세히 말하지 않은 것이다.

직원이나 업체는 괜히 설명했다가 피로만 쌓이고 업무에 집중하기 힘들 것 같아서이다. 그래서 열정을 갖고 이유를 찾는다고 해도 말을 하지 않았을 수 있다. 반대로 아예 열정 없는 예도 있다. 망가졌으니까 다시 사달라고 하거나 복구하겠다는 말만 되풀이하는 것이다.

"로직 변화 때문이다."

라는 말을 들으며, '로직이 뭔데?', '왜? 어떻게 바뀐 건데?'라는 궁금증을 갖고 있었지만, 막상 물어본 적조차 없었을 것이다. 아니면 '로직 변화는 어쩔 수 없지.'라고 생각하며, 넘어갔을 수도 있다. 물론 네이버 직원이 아니면 100%는 없다.

하지만 어느 정도 예상을 할 수 있음에도 무조건 로직 때문이라는 말만 되풀이할 때, '그렇구나.'라고 고개를 끄덕이고 끝이 아니다. 이제는 무슨 변화가 일어났는지를 알아야 하는 게 우선이다.

혹시 '설명을 안 해주는데 어떡해?' 싶다면 지금부터라도 시작해보자. 많은 방법이 있겠지만, 시간이 있을 때마다 원장님이 직접 업체와 미팅하는 걸 추천한다. 만약 우리 병원에 광고를 진행하는 마케팅팀이나 담당 직원이 상주하고 있다면, 함께 미팅하는 것도 방법이다. 직원을 믿지 못해서가 아니라 원장님도 알아야 하기 때문이다.

학교에서는 예습과 복습 같은 반복 학습의 중요성을 언제나 강조한다. 예습했을 때 몰라도 수업을 듣고 이해하고, 복습을 통해 본인의 것으로 만들기 위함이다.

대행업체와의 미팅도 마찬가지다. 처음 업체와 미팅을 할 때만 해도 무슨 말을 하는지 모를 정도로 매우 생소하고 이해하기 어려웠을 수도 있다. 근데 두 번, 세 번, 네 번 계속 미팅하다 보면 달라질 것이다. 자주 쓰는 용어, 매체 등이 귀에 들어오면서 알아듣게 되었기 때문이다.

게다가 원장님 혼자 미팅을 했을 때와 달리, 직원과 함께 미팅하면 좋은 점이 있다. 업체와 미팅을 하고 난 후에 궁금증을 바로 해소 할 수 있다는 점이다. 책이나 강의가 도움될 수 있지만, 우리 병원을 광고하는 실무자와 업체의 제안, 전략 등을 함께 듣는 미팅이야말로 가장 효율적일 수 있다.

그런데 업체는 어디가 좋을지를 생각하고 있을까? 처음부터 좋은 업체를 찾는 건 중요하지 않다. 네이버 창에 병원마케팅, 병원 광고, 병원 블로그, 병원 인스타그램 등 검색하면 많은 업체가 나온다. 그중 좋은 업체를 고르는 게 아닌, 시간이 된다면 전부 미팅을 해보는 것이다. 블로그를 주력하고 있거나 블로그를 할 예정이라면 블로그 문의를 하고, 카페, 체험단, 보도자료, 키워드 광고 등을 문의해도 좋다. 이 외에 평소 관심이 있는 광고 매체를 문의하는 것도 방법이다. 이렇게 업체에 전화해서 병원명과 광고 매체를 말하고 미팅을 해보자. 업체와 미팅을 진행하다 보면 크게 3가지 부류의 업체를 만나 볼 수 있다.

1. 병원 이름, 광고매체를 말했지만, 맨몸으로 오는 경우

2. 병원 이름, 광고매체 상관없이 회사소개서, 종합적인 포트폴리오를 가져와서 설명하는 경우

3. 병원 이름을 검색하고 우리가 하는 광고매체를 찾아보며, 어느 정도 준비하여 제안서 및 다른 매체 제안까지 하는 경우

미팅하다 보면, 이 정도로 나뉘게 되는데 어떤 곳에 가장 관심이 갈까? 누가 봐도 3번일 것이다. '준비는 하고 왔네.' 싶은 성의를 보였기 때문이다. 대화를 해봐도 우리 병원을 어느 정도 검색하고 모니터링하고 온 업체가 질문에도 성의껏 대답하는 경우가 많다. 아무것도 없이 몸만 와서 미팅할 때면 '그건…….', '이건…….' 하면서 대부분 회사에 돌아가서 다시 확인해보겠다고 얼버무리기 때문에 신뢰하기 힘들 뿐이다.

결국, 아는 만큼 보인다고 했다. 그래서 예습처럼 책을 읽고, 몇백만 원의 강의를 찾아 듣는 것도 도움이 되고, 필요할 수 있다.

하지만 그중에서도 실무를 하는 사람과의 만남이다. 책에서 보거나 강의로 배운 내용에서 끝이 아니라 미팅을 통해 다시 한번 복습한다고 생각하면 된다.

게다가 강의, 책과 달리 업체와 미팅하면 마케팅의 최신 동향을 파악할 수 있다. 따라서 원장님도 이제 마케팅을 공부해야 한다. 더는 직원이나 업체에서 하는 말만 듣고, 고개를 끄덕이고 끝나서는 안 된다. 우리 병원의 광고 방향성을 함께 생각하며, 다른 병원과 차별화를 둔 마케팅이 중요하기 때문이다.

책 보기 전 알아야 할 단어

언제부터였을까? 병원에서는 환자나 보호자에게 어려운 의학용어를 쉬운 말로 풀어서 설명하기 시작했다. 질병이나 수술, 치료법을 설명할 때 말이다. 어려운 용어를 섞어가며, 설명해봤자 환자, 보호자는 알아듣지 못한 채 다시 묻기 때문이다.

광고도 마찬가지이다. 광고대행사와 여러 번의 미팅을 하며, 찾아보거나 반복되는 이야기에 '대충 어떤 것이다.'라고 짐작했을 수 있다. 근데 짐작만 했기 때문에 '이건가?' 싶을 뿐, '명확하게 이거다!' 라고 정의하기는 어려웠을지 모른다. 그래서 책을 시작하기 전, 자주 사용하는 마케팅 용어부터 먼저 알아보려고 한다.

CPC (Cost Per Click)

클릭 횟수에 따른 광고단가를 선정하는 방식으로 클릭 1회당 단가이다. 보통 네이버의 검색 광고, 배너광고, 파워콘텐츠 등에 사용된다.

예를 들어서 '코필러'를 검색해보자. 검색했을 때 맨 위에 1위부터 10위까지 파워링크 순위가 나온다. 이렇게 10위 안에 있는 '코필러' 중 하나를 사용자가 클릭했을 때 부과되는 비용이다. 즉, 어떤 키워드를 검색하면 1위부터 10위까지 파워링크가 나오는데, 입찰 순위에 따라 사용자가 클릭했을 때 1회 클릭당 부과되는 비용을 뜻한다.

CPM (Cost Per Mile)

해당 광고가 1,000번 노출될 때 광고비가 발생하는 방식이다. 클릭 수와 상관없이 1,000번의 노출이 보장되는 정액제 광고이다.

CPA (Cost Per Action)

DB 수집을 생각하면 쉽다. 광고주가 원하는 행동을 취할 때 광고비용이 지출되는 방식이다. 사용자가 광고를 보고 상담을 남기거나 회원가입을 하는 등 특정 액션을 완료한 성과에 따라서 지급한다.

병원의 경우 이벤트를 진행하면서 환자 DB를 받고 싶을 때, CPA를 이용한다.

CTR(Click Through Rate)

노출 당 클릭률을 의미한다. 노출 대비 클릭률로 광고가 노출된 횟수 중 클릭을 통해 이동한 값을 백분율로 나타낸 것이다.

UV(Unique Visitors)

특정 사이트를 방문한 사람 중 중복 방문을 뺀 순 방문자이다.

예를 들면, 우리 병원 홈페이지에 5명의 방문자가 들어왔다. 4명은 코 성형 페이지를 봤고, 3명은 안면 윤곽 페이지를 봤다고 하자. 이때 순 방문자는 5명이 된다.

PV(Page View)

홈페이지에 들어온 사용자가 둘러본 페이지 수를 뜻한다.

예를 들면, 우리 병원 홈페이지에 들어온 사용자가 7명이다. 6명은 프락셀 페이지를 봤고, 5명은 써마지 페이지를 봤다고 하자. 이때 페이지뷰는 11이 된다.

ROAS(Return On Ads Spending)

투자한 광고비 대비 광고주가 얻은 매출이다.

키워드

네이버 검색 창에 '검색하는 것=단어'이다. 즉, '검색어'라고 생각하면 된다.

VPN

VPN은 가상사설망(Virtual Private Network)의 약자이다. 보통 IP 변경을 의미하며, 고정 IP와 유동 IP로 나뉜다. 고정 IP는 하나의 IP로 변경, 게임이나 블로그 작업 시 사용한다. 유동 IP는 여러 개의 IP를 번갈아 가면서 사용하는데, 마케팅 용도로 많이 쓰이고 있다.

어뷰징

사전적인 뜻은 오용, 남용, 폐해 등이다. 보통 포털 사이트에서 언론사가 검색을 통한 클릭 수를 늘리기 위해 같은 제목의 기사를 의도적으로 지속해서 전송하거나 인기 검색어를 올리기 위해서 클릭 수를 조작하는 것 등이 해당한다. 결국, 꼼수, 편법이라고 할 수 있다. 네이버에서 '이렇게 하면 위험하니까 하면 안 돼!'라고 하지만, 편법을 통해 본인의 문서를 검색 상위에 노출하려고 할 때 이용된다. 또, 문서를 모바일 뷰에 올릴 때, 연관 검색어, 자동 완성어 등을 만들 때도 어뷰징을 한다.

모통(뷰 VIEW)

모바일 통합 검색을 줄여서 모통이라고 했다. 근데 2018년 9월 14일 오후, 모바일 통합 검색이 뷰(VIEW)로 바뀌었다. 네이버에서 사용자를 생각하며, 모바일 기준 통합검색 뷰(VIEW)로 검색 개편을 한 것이다. 그래서 요즘에는 모통보다 모바일 뷰로 사용하고 있다. 또한, 모바일 뷰로 견적을 말한다. 이때 '더 보기 전'과 '더 보기 후 1페이지(15개)' 나오는 것에 따라서 상위 노출 견적은 달라진다.

섬네일

그래픽 파일의 이미지를 소형화한 것을 말한다. 일반적으로 그래픽 파일 안에 데이터로 포함된다. 인터넷에서는 작은 크기의 견본 이미지를 가리킨다. (네이버 지식백과 컴퓨터 인터넷 IT용어)

예를 들어서 블로그를 보자. 어떤 키워드를 검색하고 난 후에 블로그 탭을 눌렀을 때 1위부터 10위까지 문서를 볼 수 있다. 이때 맨 왼쪽 화면에 보이는

10개의 작은 이미지가 섬네일이다. 즉, 맨 처음 보이는 '미리 보기' 같은 이미지를 섬네일이라고 생각하면 된다.

랜딩 페이지

사이트를 클릭했을 때 가장 먼저 보이는 페이지라고 할 수 있다. 키워드 광고, 배너 광고 등 클릭했을 때 처음 나오는 페이지를 말한다. 대부분 홈페이지 메인을 생각하지만, '병원 이름'이 아닌 질환이나 지역 등의 키워드 광고 시 홈페이지 메인을 걸어 놓으면 이탈이 많다는 것을 명심해야 한다.

예를 들면 '코필러'를 검색해서 키워드 광고를 클릭했을 때이다. A는 '코필러' 페이지가 나오고, B는 홈페이지 메인이 나온다고 하자. 클릭했을 때 사용자가 원하는 정보의 페이지가 나오는 경우와 원하지 않는 페이지가 나오는 경우 어떤 페이지에 전환이 더 많을까? 아마도 A는 전환을 기대할 수 있지만, B는 이탈이 발생할 확률이 높다. 그래서 '하나의 페이지', 랜딩 페이지의 연결 링크는 키워드를 고려하며, 제작, 설정하는 게 중요하다.

블로그 품질 지수(블로그지수)

블로그 품질의 점수를 뜻한다.

우리가 영어를 처음 배울 때 'ABC……' 알파벳부터 A는 Apple, B는 Banana 등 단어를 시작한다. 이렇게 알파벳과 단어를 익힌 후 문장을 구사할 수 있게 조사, 전치사 등을 배운다. 이처럼 영어는 알파벳을 익히고 단어를 외우고, 문장을 만들고, 이후 회화를 통해 원어민과 대화가 될 수준으로 공부하기 마련이다.

블로그도 마찬가지이다. 처음 블로그를 개설했을 때만 해도 아무것도 없는 하얀 도화지라고 할 수 있다. '바로 1등 할 거야.'라고 생각하고 열심히 문서를 발행하지만, 순위에 오르지 않는다. 왜 그럴까? 블로그도 알파벳, 단어, 회화처럼 순서가 필요하기 때문이다. 즉, 10점, 20점, 50점, 80점, 100점이 되도록 차곡차곡 점수를 쌓아야 원하는 순위에 오를 수 있다. 그래서 블로그는 품질 지수를 쌓는 게 먼저이다.

블로그 상위 노출

블로그 상위 노출은 많이 들어 봤을 것이다. 근데 상위 노출의 핵심은 무엇일까? 업체마다 차이가 있지만, PC 1페이지 기준 5위, PC 1페이지 기준 10위, 모바일 뷰 또는 모바일 더 보기 1페이지 등이 있다. 이러한 기준으로 업체와 계약한 키워드가 PC 또는 모바일 상위에 있도록 띄운 것을 블로그 상위 노출이라고 한다.

브랜드 블로그

병원 광고는 특수적이라고 할 수 있다. 사람의 생명과 연관된 만큼 의료광고법을 준수해야 하기 때문이다. 그래서 브랜드(병원 이름)를 걸고 전문가가 광고해야 한다.

그런데 브랜드 블로그는 상위 노출과 다르다. 블로그도 업체 소유가 아닌, 병원의 블로그를 운영할 때도 있다. 그래서 브랜드 블로그의 품질 지수가 낮으면 상위 노출 기대는 어렵다. 왜냐하면, 브랜드 블로그는 순위에 상관없이 '월 몇 건의 문서 발행'을 기준으로 관리하기 때문이다.

X 배너

입간판이라고 생각하면 쉽다. 벽에 기대어 놓거나 길에 세워 둔 간판, '세움 간판'이라고 생각하면 된다.

카카오 모먼트

다음과 합병된 이후 다음 및 카카오톡, 카카오스토리 등 다양한 플랫폼 내에서 노출되고 있다. 관심사, 행동 등 정밀 타깃이 가능하다.

모비온

CPC 방식이지만 다른 매체보다 낮은 단가로 많은 DB를 확보할 수 있는 장점이 있다. 리 타겟팅, 사용자 타겟팅 등 다양한 기법이 가능하다.

리 타겟팅

사용자가 웹 사이트를 방문하거나 제품을 클릭하면 브라우저에 쿠키가 생성된다. 웹 사이트를 떠난 뒤에도 쿠키를 삭제하지 않으면 전에 봤던 제품, 본 적 없지만, 관련이 있는 제품 등을 포함한 광고를 지속해서 사용자, 잠재고객에게 보여주는 방법의 타깃팅 기법이다.

사용자 타겟팅

사용자의 온라인 행동 기반 데이터를 수집하고 관심사에 따라서 소비자, 잠재고객을 찾아 광고가 게재되는 타깃팅 기법이다.

의료광고법

'생명을 다루는 의료광고, 꼭 알아야 하지!'

병원 광고는 다른 분야보다 전문성을 요구한다. 생명과 직결되었기 때문에 훨씬 더 까다롭고, 그에 따른 의료법은 매우 난해하게 적용되고 있다. 게다가 자칫 잘못하면 오히려 독이 되는 만큼 더욱 신중함이 필요하다.

그런데 의료광고법이라고 하면 '법'이라는 단어 때문에 어렵게 느껴질 수 있다. 또 의사라면 더욱 변호사의 영역이라고 생각한 채 알려고 하지도 않았고, '우리 병원을 알리는데 법까지 알아야 해?' 싶어서 넘겼을지 모른다.

하지만 병원 광고를 진행할 때 꼭 필요한 만큼 의료광고법의 지침은 필수로 알고 있어야 한다.

우선 의료광고법을 살펴보기 전에 의료인의 기준부터 알아야 한다. 의료인의 기준은 무엇일까? 우리는 의료인의 기준을 모호하게 생각한다. '병원에서 일하면 다 의료인이겠지, 생명을 다루는 데 그게 중요할까?' 싶은 게 일반 소비자가 생각하는 부분일 것이다.

실제로 의료인이라고 하면 의사, 치과의사, 한의사, 간호사, 조산사가 해당한다.

그렇다면, 의료광고를 주체할 수 있는 기준은 무엇일까?

1. 의료인
2. 의료법인
3. 의료기관
4. 대행업체

답은 1번~4번 전부 해당할 수도 있고, 1번~3번만 해당할 수도 있다. 이렇게 답을 하면 모호하기만 하다. 대부분 병원은 업체를 두고 광고를 하기 때문이다. 그래서 '된다는 거야?', '안 된다는 거야?' 싶을 것이다. 여기에는 포인트가 있다. 의료인의 관리, 감독하에 대행업체에 우리 병원의 광고를 맡기는 건 가능하다. 즉, 의료기관에서 의료인이 우리 병원 광고를 자체적으로 하기 힘들 경우 제삼자에게 맡길 수 있다.

다만, 의료인이 관리·감독을 한다는 조건이 따라간다. 광고대행업체에 맡길 때 일어날 수 있는 일 즉, 소비자를 현혹하는 후기, 환자 유인행위 등 의료광고법의 위반될 때이다. 이렇게 법에 위반되는 광고를 했을 때 그 몫은 오롯이 의료인과 의료기관의 책임으로 돌아간다.

예를 들면 성형외과에서 후기를 광고할 경우이다. 병원이 아닌, 대행사에서 진행했다고 하면 괜찮을까? 아무리 대행사에서 진행했다고 해도 과대광고, 소비자 현혹 등 일반인은 병원 홍보를 하는 자체가 불가이다. 그래서 보건소 민원이 들어왔을 때 책임은 온전히 병원이 지어야 한다는 점을 기억해야 한다. 따라서 우리 병원을 광고하는 업체가 의료광고법을 제대로 숙지하고 있는지, 누구보다 빠른 대처가 가능한지를 확인하는 게 중요하다.

한 달에 몇백, 몇천만 원의 광고비를 투자하더라도 마찬가지이다. 결국, 책임은 병원이다. 그리고 그 몫은 오롯이 원장님의 책임으로 돌아간다는 것을 명심해야 한다.

"왜 돈을 줘도 똑같나?"

"매출이 오르지 않느냐?"

"광고는 제대로 되는 거 맞아요?"

등의 이야기를 할수록 외주업체(광고업체)는 선입금된 돈의 값어치를 위해서 보여주려고 더욱 노력할 것이다. 문제는 보여주는 것에만 집중할 뿐, 병원을 고려하지 않을 수 있다. 그러므로 이제부터라도 생각해야 한다. 문제 되는 것을 무리하게 할 수 있지만, 신고로 누락, 삭제로 이어질 수 있기 때문이다. 또 민원이 들어오고 담당 보건소 주무관의 연락을 받은 후 '아 안 되는구나!'라는 것을 깨닫고 나면 이미 늦은 후이다. 그래서 업체와 평소 꾸준하게 소통하며, 의료광고법에 문제가 되는 걸 확인해야 한다. 만약 문제가 될 소지가 있다면 과감하게 포기하는 게 바람직하다.

제56조(의료광고의 금지 등) ①의료기관 개설자, 의료기관의 장 또는 의료인(이하 "의료인등"이라 한다)이 아닌 자는 의료에 관한 광고(의료인등이 신문·잡지·음성·음향·영상·인터넷·인쇄물·간판, 그 밖의 방법에 의하여 의료행위, 의료기관 및 의료인등에 대한 정보를 소비자에게 나타내거나 알리는 행위를 말한다. 이하 "의료광고"라 한다)를 하지 못한다. 〈개정 2018. 3. 27.〉
②의료인등은 다음 각 호의 어느 하나에 해당하는 의료광고를 하지 못한다. 〈개정 2009. 1. 30., 2016. 5. 29., 2018. 3. 27.〉

1. 제53조에 따른 평가를 받지 아니한 신의료기술에 관한 광고

2. 환자에 관한 치료경험담 등 소비자로 하여금 치료 효과를 오인하게 할 우려가 있는 내용의 광고

3. 거짓된 내용을 표시하는 광고

4. 다른 의료인등의 기능 또는 진료 방법과 비교하는 내용의 광고

5. 다른 의료인등을 비방하는 내용의 광고

6. 수술 장면 등 직접적인 시술행위를 노출하는 내용의 광고

7. 의료인등의 기능, 진료 방법과 관련하여 심각한 부작용 등 중요한 정보를 누락하는 광고

8. 객관적인 사실을 과장하는 내용의 광고

9. 법적 근거가 없는 자격이나 명칭을 표방하는 내용의 광고

10. 신문, 방송, 잡지 등을 이용하여 기사(記事) 또는 전문가의 의견 형태로 표현되는 광고

11. 제57조에 따른 심의를 받지 아니하거나 심의받은 내용과 다른 내용의 광고

12. 제27조제3항에 따라 외국인환자를 유치하기 위한 국내광고

13. 소비자를 속이거나 소비자로 하여금 잘못 알게 할 우려가 있는 방법으로 제45조에 따른 비급여 진료비용을 할인하거나 면제하는 내용의 광고

14. 각종 상장·감사장 등을 이용하는 광고 또는 인증·보증·추천을 받았다는 내용을 사용하거나 이와 유사한 내용을 표현하는 광고. 다만, 다음 각 목의 어느 하나에 해당하는 경우는 제외한다.

가. 제58조에 따른 의료기관 인증을 표시한 광고

나. 「정부조직법」 제2조부터 제4조까지의 규정에 따른 중앙행정기관·특별지방행정기관 및 그 부속기관, 「지방자치법」 제2조에 따른 지방자치단체 또는 「공공기관의 운영에 관한 법률」 제4조에 따른 공공기관으로부터 받은 인증·보증을 표시한 광고

다. 다른 법령에 따라 받은 인증·보증을 표시한 광고

라. 세계보건기구와 협력을 맺은 국제평가기구로부터 받은 인증을 표시한 광

고 등 대통령령으로 정하는 광고

15. 그 밖에 의료광고의 방법 또는 내용이 국민의 보건과 건전한 의료경쟁의 질서를 해치거나 소비자에게 피해를 줄 우려가 있는 것으로서 대통령령으로 정하는 내용의 광고

③의료광고는 다음 각 호의 방법으로는 하지 못한다. 〈개정 2018. 3. 27.〉

1. 「방송법」제2조제1호의 방송

2. 그 밖에 국민의 보건과 건전한 의료경쟁의 질서를 유지하기 위하여 제한할 필요가 있는 경우로서 대통령령으로 정하는 방법

④제2항에 따라 금지되는 의료광고의 구체적인 내용 등 의료광고에 관하여 필요한 사항은 대통령령으로 정한다. 〈개정 2018. 3. 27.〉

⑤ 보건복지부장관, 시장 · 군수 · 구청장은 제2항제2호부터 제5호까지 및 제7호부터 제9호까지를 위반한 의료인등에 대하여 제63조, 제64조 및 제67조에 따른 처분을 하려는 경우에는 지체 없이 그 내용을 공정거래위원회에 통보하여야 한다. 〈신설 2016. 5. 29., 2018. 3. 27.〉

[2018. 3. 27. 법률 제15540호에 의하여 2015. 12. 23. 헌법재판소에서 위헌 결정된 이 조를 개정함.]

(국가법령정보센터_법령_의료법 제56조 의료광고)

의료법은 해가 바뀌고, 정권이 바뀔 때마다 더 강화되고 있다. 그중 '최고', '최상' 등의 최상급 표현을 쓰며, '우리가 제일 잘해', '우리가 최고야!' 같이 환자를 유혹하는 광고는 의사 자격 정지 및 박탈, 영업정지 15일 또는 벌금형을 받을 수 있다.

하지만 병원에서는 '그나마 벌금이면 괜찮다.' 싶어서 '무조건 광고해야 한다.'라고 생각했을 수 있다. 그래서 무리하게 광고할 때도 있지만, 잘못했다가 영업정지까지도 이어진다. 따라서 광고 운영을 할 때는 의료법에 대한 확실한 대처가 필요하다.

먼저 '전문'이라는 표기의 문제이다. 보건복지부에서 지정한 전문병원 즉,

척추 전문병원, 안과 전문병원 등 보건복지부에서 인증한 허가된 병원이 아닌 이상 사용할 수 없다.

또한, '통증 없는', '재발 없는', '일주일 만에 완치' 등의 표현도 생명과 직결되었기 때문에 불가이다. 그래서 홈페이지나 배너광고 문구, 블로그, 카페 등 다양한 광고 매체를 운영할 때에는 주의가 필요하다. 임상 사례를 통한 논문, 특허 등의 인증된 부분이 아닌 경우 '통증 없는', '재발 없는', '일주일 만에 완치' 등의 표현은 전 국민 중에 단 한 명이라도 누군가 겪고 있다면, 의료광고법 위반이다.

그런데 의료광고법은 '아' 다르고, '어' 다르다. '수술 없이'라는 말은 쓰면 안되지만, '비수술'은 가능하다. '온라인 상담'은 안 되지만 '진료 상담'은 가능하다. '재발 없다'라고 하면 안 되지만 '재발을 줄이는', '재발이 거의 없음'은 된다. '통증 없음'은 안 되지만 '통증이 줄어든다.' 등으로 바꿔서 사용할 수 있다. 물론 담당 보건소 주무관에 따라서 해석은 달라지지만, 조금만 바꾸면 비슷한 뜻, 단어로 쓸 수 있다.

이 외에 경쟁병원 비하를 하거나 A라는 치료법과 B라는 치료법 중 우리 병원의 특화된 치료법과 비교 광고 하는 등 의료질서를 해치는 것 또한 의료광고법 위반이 된다.

예시 1.

"다른 병원은 전부 시술명 만들어서 여러 광고매체에 뿌리던데, 우리도 하나 만들어서 광고하면 더 효율적이지 않겠어요?"

라는 말을 많이 들었다. 당연히 참신하고 유쾌한 시술명, 한 번만 들어도 잊히지 않는다면 광고효과는 클 것이다.

하지만 이름만 잘 짓는다고 성공할 수 있을까? '다른 경쟁병원에서도 하니까 상관없겠지!' 싶겠지만, 아니다. 경쟁병원에서 사용하는 시술명은 이미 논문에 등록되었을 수 있다. 그래서 다른 병원에서 한다고 해서 '우리도 하면 되겠지!' 싶은 생각 하고 시도하면 안 된다. 다른 병원은 논문이 있어서 문제가 없었던 것일지도 모른다. 근데 우리 병원은 논문이나 특허 없이 시술명을 만들어서 광고하면 의료광고법 위반이다. 의료광고법에서는 제53조에 따른 평가를 받지 아니한 신의료기술에 관한 광고는 금지하고 있다. 따라서 '다른 병원에서 하는데, 우리도 하면 되겠지!'라며, 무리하게 진행해서는 안 된다. 먼저 논문을 쓰고 꼼꼼하게 준비하고 난 후 광고를 해야 한다. 많은 광고비와 인력으로 투자한 광고가 민원으로 전부 없애는 불상사를 겪지 말아야 하기 때문이다.

예시 2.

우리 병원 홈페이지에 있는 후기를 보려면 로그인이 필요하다. 블로그나 인스타그램 등이 아닌, '우리 병원에 관심을 두고 들어온 사용자에게 로그인까지 하는 번거로움이 필요할까?' 싶을 수 있다.

의료광고법에서는 환자에 관한 치료경험담 등으로 소비자가 치료 효과를 오인할 우려가 있을 때 의료광고를 금지하고 있다. 따라서 '홈페이지는 사전심의 대상이 아니니까, 괜찮다'고 생각해서는 안 된다. 치료 후기, 리얼스토리 등은 반드시 로그인하고 난 후 열람할 수 있도록 설정해야 한다.

평소에 원장님들에게 많은 질문을 받는데 그중,

"다른 병원에서는 전부 진행하고 있는데 왜 우리만 안 되는 걸까요?"

"왜 우리만 몸 사리고 있나요?"

라고 물어보는 원장님이 많았다.

의료광고는 매우 엄격하게 관리되고 있다. 그래서 다른 병원에서 진행하는 것만 보고 '우리도 그냥 해보자' 싶지만 명심할 부분이 있다. 담당 보건소나 경쟁 병원, 환자 등 아직 누구도 문제 삼지 않았을 뿐, 의료광고법에 문제가 되지 않은 게 아니다. 간혹 다른 병원에서 하는 것만 보며, 원장님 입장에서는 '자꾸만 안 된다고만 하는 직원, 대행업체를 차라리 바꿔버릴까?' 싶을 수 있다.

하지만 많은 광고업체에서는 안 되는 것을 편법으로 하는 등 마치 하루살이처럼 당장 앞만 보고 진행할 때도 있다. 근데 보건소 민원이 들어와서 문제가 되면 '나 몰라라' 할 수 있다. 결국, 안 되는 걸 무리하게 했다가 의료법 위반에 대한 광고 글 삭제, 벌금 등 모든 잘못에 관한 책임은 오롯이 병원과 원장님이라는 걸 기억해야 한다.

반대의 경우도 있다. 의료광고법을 지키며, 광고해도 경쟁업체에 타깃이 되는 등 악의적인 신고로 보건소 민원을 받을 때이다. 그러므로 의료광고법 숙지는 더욱더 중요하다. 처음에는 주의지만, 1년에 2번이라면 영업정지, 벌금형으로 이어질 수 있기 때문이다.

그렇다면, 1년의 기준을 어떻게 보게 될까? 2020년 1월 2일 보건소에서 첫 번째 민원을 받고, 2020년 12월 30일에 또 민원이 들어왔다면 문제가 될 수 있다. 2020년 1월 2일에 민원 이후 2021년 1월 3일에 민원이 들어왔다면 1년이 지났기 때문에 새로 시작된다.

만약 2020년 3월 9일 첫 번째 민원이라면 2021년 3월 8일 두 번째는 문제가 되지만, 2021년 3월 10일은 처음부터 시작된다.

의료법, 의료광고법은 5년에 한 번 보건복지부 장관이 바뀌면 조금씩 보완된다. 근데 허술해지는 부분보단, 법이 더 강화되기 때문에 의료법에 관한 내용은 충분하게 숙지하고 있어야 한다.

의사들의 궁금증

'속 시원하게 말해줘.'

"이건 뭐예요?"

"저건 뭐예요?"

"이건 왜 이런 거예요?"

"여기는 왜 이렇게 하고 있나요?"

질문을 나열하면 끝이 없을 정도이다. 왜냐하면, 같은 질문이라도 '아'와 '어'는 다르기 때문이다. '아'라고 질문하면 안 되지만, '어'라고 하면 또 되는 게 있다. '비슷한 거 같은데 도대체 무슨 차이일까?' 싶기만 하다.

게다가 같은 질문이라도 답변하는 사람에 따라서 답이 달라지는 예도 있어서 여러 번 되묻는 일도 있다. 그래서 가장 많이 받았던 질문 중 8개를 뽑아서 정리해봤다.

1. VPN은 왜 써야 할까?

온라인 광고에서 가장 많이 듣는 단어 중 하나가 바로 VPN이다. 보통 공유기를 설치하면 인터넷이 연결되는데 굳이 번거롭게 따로 VPN까지 연결하는 경우를 볼 수 있다. 블로그, 카페를 운영할 때는 꼭 따로 써야 한다고 강조하기 때문이다. 이유가 무엇일까? 한 개의 아이피로 블로그 몇 개를 운영하든, 카페 아이디로 활동하든, '아이피를 따로 쓰는 게 중요할까?' 싶기만 하다.

네이버는 '상식'적인 것과 '일반'적인 것을 좋아한다. 그래서 일반 사용자와 달리 하나의 아이피로 많은 블로그를 운영하거나 카페 아이디 등 많은 아이디를 로그인하면 상식에서 벗어난다고 생각하고 있다.

예컨대 우리가 보험에 드는 이유를 생각해보자. 가장 큰 이유는 병이 생기기 전, 미리 대비하기 위해서이다. 이미 건강이 나빠지고 병이 생긴 뒤에는 보험에 가입하고 싶어도 보험사에서 거부한다. 그래서 병이 생기기 전에 나중 일을 생각하며, 보험에 가입하는 것이라고 할 수 있다.

VPN도 마찬가지이다. 블로그가 저품질 되거나 문서가 전부 누락되고 밀린 후에는 늦기 때문이다. 그래서 만일의 상황을 대비하며, 보험처럼 VPN을 사용하는 것이다. 즉, 하나의 아이피로 너무 많은 블로그, 카페 등을 운영하기보단, 일반 사용자처럼 보이기 위해서 여러 아이피를 사용한다고 생각하면 된다.

이때 하나의 블로그를 하나의 아이피로 운영하면 상관없다.

다만, 병원은 예외가 될 수 있다. 하나의 공유기 설치는 아이피뿐만 아니라 와이파이도 함께 연결하기 때문이다. 와이파이를 병원에 방문한 의료소비자,

스텝 등 많이 이가 함께 사용하면 안전하다고 말하기 어렵다. 그래서 만일을 대비한 보험처럼 인터넷이 연결되었어도 여러 블로그를 운영할 경우 VPN을 따로 사용하는 것이다.

2. 최적화 블로그 지금도 나올까?

원장님들과 평소에 미팅하거나 대화를 했을 때 가장 많이 질문받은 것 중 하나가

"최적화 블로그, 아직도 나오나요?"

라는 이야기이다.

2015년 말쯤이었다. 거의 매주 나왔던 최적화 블로그가 막힌 시기 말이다. 예전에는 최적화 블로그를 만드는 공식이 있었다. 여러 부분을 고려해야겠지만, 2개월 정도 관리하면 무조건 나왔다. 근데 네이버에서 막아버렸고, 그때부터 씨가 마르기 시작했다. 게다가 공급은 없지만, 수요가 늘어나면서 점점 더 비싸졌다. 그래서 '이제는 최적화 블로그는 더 나오지 않는 것인가?' 싶을 수 있다. 비싸더라도 구하고 싶은데 없다는 이야기, 나오지 않는다는 이야기 등 더는 구하기 어려워졌기 때문이다.

결론부터 말하자면, 지금도 나온다.

다만, 최적화 블로그는 각자가 생각한 기준에 따라서 차이가 있다. 원하는 키워드는 어떤 키워드라도 상관없이 상위 노출할 수 있는 블로그가 최적화일까? 아니면, 방문자가 1,000명 이상이 되어야 최적화라고 할 수 있을까?

내 기준에서 보면 방문자가 아닌, 오직 키워드이다. 원하는 키워드를 PC와

모바일 상관없이 상위 노출이 가능한 블로그를 최적화라고 할 수 있다.

하지만 최적화 블로그라고 해도 지금은 달라졌다. 어떤 블로그는 무조건 PC 1위로 올라가는데, 모바일 뷰에 뜨지 않는다. 반대로 PC는 상위 노출되지 않는데, 모바일 뷰에 잘 뜨는 예도 있다.

예전에는 최적화 블로그 하면 PC, 모바일 전부 상위 노출이 가능했다. 근데 최근에는 달라진 것이다. PC, 모바일 전부 띄울 수 있는 블로그도 있지만, PC만 순위가 좋거나 모바일만 순위가 좋은 블로그와 같이 기준이 바뀌었기 때문이다.

그러나 기준이 모호하게 바뀌었을 뿐, 최적화 블로그가 더는 씨가 마르고 나오지 않는 것은 아니다.

3. 배포형 블로그, 광고비가 저렴한 이유

몇 년 전만 해도 2개월 동안 공식대로 관리하면 최적화 블로그가 나왔지만, 공식이 깨진 건 네이버에서 한순간에 막았기 때문이다. 그 탓에 많은 업체가 문을 닫았고, 남아 있는 블로그의 값은 천정부지로 솟구쳤다. 그 결과, 최적화 대신 배포형 블로그에 관한 관심이 높아졌다.

"도대체 배포형 블로그가 무엇이길래, 다른 광고보다 광고비가 저렴한 것일까요?"

라는 이야기를 수없이 받았다.

최적화 블로그 만드는 공식이 깨지고 공급과 수요가 막힌 상황에서 경쟁 센 키워드, 씨랭크 키워드 등 키워드별로 단가는 부르는 게 값이 될 정도로 매우 비싸졌다. 그래서 대안의 하나로 최적화 대신 배포형 블로그에 관한 관심이 커진 것이다. 최적화와 달리, 상대적으로 광고비가 저렴하기 때문이다.

그런데 왜 배포형 블로그는 최적화, 씨랭크와 달리 저렴한 걸까? 배포형 블로그는 키워드 상위 노출의 목적이 아니다. 운이 좋게 상위에 올라가는 경우가 있지만, 목적은 1,000개, 2,000개 등 문서 발행 개수에 집중한다. 즉, 블로그 광고를 위해 견적을 뽑을 때 키워드를 정확도 기준으로 상위 노출 PC 1위~10위로 하지만, 배포형 블로그는 상위 노출과 전혀 상관없다.

애초에 상위 노출이 목표가 아니므로 문서 자체의 성의가 없다. 문서 발행 개수가 목적이라서 이미지만 가득한 채, 키워드를 넣기 때문에 상대적으로 광고비가 저렴한 것이다.

하지만 한동안 최적화 블로그는 구하기 어렵고, 키워드 단가가 터무니없이 비싼 상황에서 상위 노출 대신 배포형 블로그로 진행하는 경우가 많았다.

또한, 검색하면 매번 같은 병원, 똑같은 글, 이미지 등이 전부인 경우가 많다. 이에 따른 피로감을 느끼며 정확도 아닌, 최신순에 있는 새로운 글을 찾는 의료소비자를 대상으로 할 때도 병원에서는 배포형 블로그를 진행하고 있다.

4. 블로그 키우기는 어려운 것일까?

시간이 없다는 핑계, 해도 안 될 것 같아서 지레 포기했을까? '차라리 사는 게 낫다' 싶었을 수 있다. 더군다나 새로 생성된 아이디로 만든 블로그보다 2015년 8월 이전에 생성한 아이디로 만든 블로그가 좋다는 말도 한몫했을지 모른다. 2015년도까지만 해도 공식에 따라서 키우면 최적화 블로그가 될 가능성이 컸기 때문이다. 그 이후에 만든 아이디로 블로그를 하면 어렵다는 이야기에 애초에 시도하지 않았을 수도 있다. 그래서 블로그를 키우는 게 어렵거나 '어차피 안 될 테니까'라는 생각을 하며, 포기했을까?

블로그 키우기는 생각만큼 어렵지 않다. 특히 씨랭크와 다이아로직이 나오면서 좋은 문서를 발행하면 누구든 상위 노출이 가능하게 되었다. 왜냐하면, 기존 가입된 사용자를 우선으로 했던 네이버의 정책이 바뀌면서 새롭게 시작하는 사용자에게도 기회가 생겼기 때문이다. 좋은 문서, 어디에도 없던 새로운 문서를 발행하는 등 꾸준한 운영은 신규 사용자라고 해도 상위 노출이 가능하다.

하지만 그동안 블로그를 키우는 게 어려워서 며칠 하다가 포기했었을까? 그렇다면, 지금이라도 미루지 말고 다시 시작하면 2015년 아이디가 아니더라도 성공할 수 있을 것이다.

─────────── ★ 블로그 직접 운영하기 팁 ★ ───────────

1. 네이버 아이디 만들기(본인 명의)
2. 아이피 한 개만 사용하기
  기본적인 준비가 되었다면 이제 시작하면 된다.

월요일 - 우리 병원 근처 음식점 알려주기(점심 또는 저녁)
화요일 - 우리 병원 기억 남는 환자 소개하기
수요일 - 우리 병원 공지(이벤트), 시즌에 맞춘 예방접종 등 설명하기
목요일 - 우리 병원 원장님, 스텝 소개

금요일 - 우리 병원 오는 길, 주말에 할 일 등

토요일 - 우리 병원 주요 질환, 수술 치료법 등 소개하기

보통 SNS 관련 책을 보거나 교육을 들으면 벤치마킹을 이야기한다. 성공한 사례를 살펴보는데, 대부분 5일 또는 7일로 나눠서 정보를 제공한다. 매일 다른 콘텐츠이지만, 일주일에 한 번, 같은 요일에는 같은 주제로 업로드를 하는 것이다. 사용자가 궁금할 내용을 소개하고 다음 주의 업데이트할 문서를 미리 공지하며, 소통하는 방법이다. 이렇게 3개월 이상 꾸준하게 발행한다면 우리 병원의 충성고객까지 늘어날 수 있다.

만약 그동안 원장님 자랑, 병원 인테리어, 이벤트 소개하는 문서만 반복하며, 블로그를 운영했을지 모른다.

하지만 이제는 바꿔야 한다. 단순히 질환이나 정보소개에서 그치는 게 아니다. 시즌에 맞춰서 정보는 물론, 원장님이나 스텝 등 가족, 친구들과 함께 가는 곳(가까운 랜드 마크 또는 지방 등), 그곳을 가기 전 여행 일정을 짜는 콘텐츠는 어떨까? '어디를 가면 좋다', '가볼 만한 곳' 등 서로 정보를 공유하는 것도 좋다. 병원에 대한 정보를 보고 끝이 아닌 만큼 페이지뷰, 체류 시간이 늘어나며, 혹여 블로그를 보고 온 환자가

"주말에 부산 여행이 재밌었나요?, 해운대는 잘 다녀왔어요?"

같은 주제로 대화를 시작하면 자연스럽게 우리 병원의 FAN이 늘어날 수 있기 때문이다.

5. 홈페이지 도메인, 호스팅

홈페이지 도메인은 인터넷 창에 'WWW.'로 시작하는 주소를 뜻한다. 호스팅은 DB를 저장하는 공간, 서버라고 생각하면 된다. 이러한 도메인이나 호스팅은 홈페이지를 유지하기 위해서 1년, 2년, 3년……, 지속적인 결제가 필요하다.

그런데 간혹 버리는 건 아깝고 사용은 하지 않는 유령 홈페이지를 보며, '꼭 결제해야 하는 걸까?' 싶을 수 있다.

예컨대 병원에서는 환자가 방문하지 않는다고 해도 환자의 차트를 일정 기간 의무적으로 보관해야 한다. 그전에는 폐기할 수 없다.

호스팅도 마찬가지라고 생각했을까? 홈페이지를 활용하지 않아도 보관해 주리라 싶었을지 모른다.

하지만 호스팅은 기간 안에 결제하지 않으면 병원의 환자 차트와 달리 보관하지 않고 없애버린다. 그래서 사용하지 않더라도 홈페이지를 유지하고 싶다면 도메인과 호스팅 결제는 꼭 필요하다.

6. 무료 홈페이지는 정말일까?

'병원 홈페이지 무료 제작'이라는 문구에 혹해서 계약하는 원장님이 있다. 아마도 업체에서는 월 유지보수비용만 내면 된다고 했기 때문이다. 게다가 200만 원~1,000만 원, 2,000만 원, 3,000만 원의 홈페이지도 어차피 유지보수 비용을 내는 만큼 오히려 이득이라 싶을 수 있다. 그래서 '월 유지보수 비용을 내고, 무료로 만들까?'라고 생각하고, 계약했을지 모른다.

"세상에 공짜는 없다."

특히 최적화 블로그 비용이 수백만 원 하고 있는데, 홈페이지는 무료가 될 수 있을까?

광고대행업체는 자선사업가가 아니다. 아무리 병원과 파트너 관계를 유지한다고 하더라도 무료는 있을 수 없다.

보통 홈페이지를 만들기 위해서는 제작비용 외에 도메인과 호스팅 비용, SMS 문자 발송에 따른 충전 비용 등이 부가적으로 발생한다. 또, 제작을 완료하고 난 후 유지보수를 무료로 하는 기간이 있지만, 시간이 지나면 유지보수 비용이 발생한다. 간단한 수정이나 팝업, 이벤트, 페이지 추가 등을 위해서는 유지보수가 필요하기 때문이다. 이때 월 유지보수로 할 것인지, 건당 유지보수를 진행할 것인지에 따라서 비용은 다르겠지만, 비용은 존재한다.

그런데 무료로 홈페이지를 제작해준다고 하는 건 무엇일까? 우선 질문을 해보자.

1. 이미 만들어 놓은 템플릿에 이미지만 얹히는 건 아닌지?
2. '무료 홈페이지'는 메인 외에 서브 페이지, 게시판 개수는 상관없는지?
3. 월 유지보수 비용에 팝업, 수정 등이 다 포함되는지?
4. 유지보수 비용을 내지 않아도 홈페이지 유지가 되는지?
5. 홈페이지 호스팅을 회사의 자체적인 서버로 유지하는지?

'무료 홈페이지'라고 하면 여러 가지를 살펴봐야 한다. 왜냐하면, 홈페이지를 만든 후에 모든 유지보수는 본인의 업체에서만 가능하게 제작했을 수 있기 때문이다. 호스팅도 회사의 자체적인 서버이고, 이외에 간단한 수정조차 다른 곳에서는 만질 수 없게 해놨을 수 있다. 그래서 무료제작 후에 끝이 아닌, 홈페이지를 유지하기 위해서는 매달 유지보수 명목으로 비용을 내야 한다. 그게 아니라면 홈페이지는 사라질 수 있다. 결국, 처음에는 무료라고 해서 이득처럼 느껴졌지만, 몇 년이 지난 후에 보면 일반적인 홈페이지 제작비용보다 더 비싼 경우도 많다. 게다가 무료 홈페이지는 미리 만들어 놓은 플랫폼에 이미지만 얹히는 경우가 대부분이다. 즉, 우리 병원만의 특색을 넣은 기획과 제작이 불가하여 장점을 전혀 살릴 수 없다는 단점도 있다. 그러므로 무료 홈페이지 제작이라는 말만 믿고 덜컥 계약을 진행해서는 안 된다. 홈페이지는 우리 병원의 얼굴이 되는 만큼 꼼꼼하게 살펴보고 제작해야 한다는 걸 명심해야 한다.

7. 보도자료, 상위에 올리는 방법은 무엇일까?

예전에는 기사를 송출하기만 하면 무조건 검색 결과 상위에 올랐다.

그런데 6년, 7년 전부터 유사한 내용의 기사는 묶이는 형태로 바뀌었다. 게다가 최근에는 키워드에 따라서 다르지만, 최신기사보다 오래된 기사가 상위에 뜨는 등 제각각이다.

그래서 상위에 올리는 방법 중 대형 언론사에 관심을 두는 경우가 있다. '대형 언론사일수록 상위에 더 잘 올라갈까?' 싶기 때문이다. 여러 군데 업체에 단가를 알아보게 되는데, 같은 언론사라고 해도 광고업체에 따라서 단가는 다르다. 만약 '대형 언론사가 상위에 더 잘 오른다.' 하는 곳이 있다면 무조건 걸

러야 한다. 기사가 상위에 올라가는 것과 언론사는 전혀 상관없기 때문이다.

가장 중요한 건 원고이다. 빨리 쓰기 위해서 짜깁기를 하여 작성하거나 기존의 기사를 각색하는 경우가 많다. 전문 의학지식이 없는 사람이 대부분 작성하는데, 이렇게 작성한 보도 자료는 유사 문서로 이어지기 마련이다. 그 탓에 여러 개의 비슷한 기사 중 가장 새로운 문서가 상위로 올라가며, 비슷한 기사는 전부 밑으로 묶이게 되는 것이다. 즉, 언론사와 전혀 무관하다.

최근에는 사진도 중요하다. 블로그, 카페뿐만 아닌 보도 자료에도 적용되었기 때문이다. 기사를 송출할 때 대부분 원장님의 프로필, 진료 상담 사진 등을 반복한다. 근데 보도 자료도 블로그나 카페처럼 똑같은 사진, 비슷한 사진의 반복은 유사 문서로 판독되어서 상위에 뜨지 않는다. 그래서 기사를 작성할 때는 평소 검색만 했을 때 수없이 나오는 정보와 사진이 아닌, 우리 병원만의 콘텐츠, 새로운 정보 제공이 중요하다.

그러나 보도 자료는 콘텐츠가 전부는 아니다. 송출 시간도 중요하기 때문이다. '아무 시간, 요일에 송출하면 어때!?' 싶겠지만, 목요일, 금요일이나 공휴일 전날 등이 효율적이다. 그리고 오후보단 오전에 송출하는 게 묶이지 않는 방법이다. 아무리 새로운 콘텐츠라고 생각해도 비슷한 유형의 제목과 기사 내용은 게재 시간이 기준이 되기도 한다. 즉, 빨리 게재될수록 상위에 오르는 예도 많아서 보도 자료를 송출할 때에는 송출 전 시간도 유념해야 한다.

그렇다면, 이제 생각해보자. 우리가 광고할 때, 가장 중점을 두는 게 무엇일까? 우리 병원을 좀 더 많이 알리고 의료소비자가 긍정적인 이미지를 갖게 하기 위해서이다. 그래서 어떤 광고매체라고 하더라도 검색 상위에 올려서 좀 더 많은 사람에게 퍼트리는 걸 목표로 하고 있다.

하지만 보도 자료는 다르다. 다른 매체처럼 본문에 키워드를 욱여넣어서 검색 상위에 띄우는 것만 생각해서는 안 된다. 다른 매체와 달리, 신뢰가 중요하기 때문이다. 객관적인 정보로 신뢰를 쌓고 궁금증을 풀어주는 등 브랜드 이미지 향상을 목표로 해야 한다. 단순히 홍보수단으로써 키워드 상위 노출만 생각하고 작성한 경우 의료소비자는 오히려 우리 병원에 대해 좋지 않은 이미지를 갖게 될 수 있기 때문이다.

8. 우리 병원에서 진행하는 광고, 성과 측정은?

병원 광고는 매체가 다양하다. 키워드 광고, 배너광고, 블로그, 카페, 보도자료, 앱 후기, 영상광고, SNS 등이 있다.

그런데 다양한 매체는 어떤 게 가장 효율성이 좋은지를 파악하기 힘들다. 그래서 '전부 다 해보자!'라며, 시작했을지 모른다. 문제는 이렇게 많은 매체를 진행하다 보면 의료소비자가 우리 병원을 찾은 경로, 가장 성과가 좋은 매체가 무엇인지를 알 수 없다. 효율적인 광고 진행을 위해서 성과 좋은 매체에 집중하는 등 선택과 집중이 필요한데, 많은 매체를 하다 보면 헷갈리기 때문이다. 게다가 광고를 줄일까 싶다가도 '문의가 줄어들면 어쩌나?' 하는 걱정이 들었을 수도 있다. 결국, 효율성 높은 매체를 찾지 못한 채, 광고비만 증액하여 공격적인 마케팅을 하고 있을까? 사실 애매하다. 처음부터 우리 병원을 꾸준하게 모니터링하며, 매체를 늘리거나 변화를 주었다면 좀 더 수월하겠지만, 그것도 정답이라고 할 수 없다. 광고를 시작하자마자 바로 눈에 띄는 피드백이 있는 예도 있지만, 가랑비에 옷이 젖는 것처럼 서서히 효과가 나타날 때도 있다. 또, 시즌에 영향을 받는 일도 있기 때문이다. 가장 현명한 방법은 직접 우리 병원에 내원한 의료소비자에게 물어보는 것이다. 근데 막상 한 명, 한 명에게 질문하기에는 너무 번거롭고, 바쁜 시간에는 그것조차 힘들 수 있다.

다른 방법은 없는 걸까? 매일매일 병원에 상담 문의를 남긴 잠재된 의료소비자와 초진 환자를 분석하는 방법이 있다. 일주일 단위의 광고 전략을 세운 뒤 어떤 질환, 시술, 치료, 수술 등을 문의하는지를 파악하는 것이다.

또한, 주력하는 매체 외에 다른 매체를 넓히거나 이벤트 등을 진행할 때, '한 번에 전부 다 해보자!'가 아니라 조금씩 기간을 두고 진행하는 방법은 어떨까? 문의, 초진 환자의 수, 우리 병원 검색 양의 추이를 살펴보며, 진행한다면 좀 더 효율성을 찾기 쉬울 수 있기 때문이다.

그런데 만약 '무슨 소리야? 한 번에 광고해야 파급력이 더 크지!' 싶을까? 아니면, '홈페이지의 에이스 카운터를 보며, 유입 경로를 확인하면 되지!'라고 생각할 수도 있다. 물론, 에이스 카운터를 이용하면 어느 정도 성과를 예측할 수 있다. 어떤 경로를 통해 유입되고, 페이지뷰, 반송 수, 체류 시간, 전환 수 등 성과분석이 가능하기 때문이다. 그래서 홈페이지, 블로그 등에 로그 분석 스크립트를 심어 분석하는 병원이 많다.

다만, 어디까지나 온라인에서 이용되는 툴이라는 점이다. 어떤 매체를 보고, 직접 병원명을 검색하여 연락하는 방법, 지인에게 소개받아 카톡 친구를 추가하는 방법 등은 분석이 불가하다. 따라서 효율적인 광고의 성과를 분석할 때는 여러 가지를 고려하자. 첫 번째, 직접 내원한 환자에게 문의하는 방법, 두 번째, 우리 병원의 검색이나 초진 환자, 상담 문의를 보면서 분석하는 방법, 마지막으로 에이스 카운터를 통해서 성과 측정을 하는 것이다.

사실 광고는 정답이 없다. 최근 유튜브, 인스타그램 등이 매우 효율성 높은 광고 매체로 꼽히고 있지만, 나는 인스타그램 계정조차 없다. 유튜브도 구독하는 것만 알림이 뜨면 볼 뿐, 수시로 찾아보지 않는다. 근데 육아하는 내 친구는 주로 맘 카페, 인스타그램에서 정보를 찾고 있다. 비단, 나와 친구뿐만이 아니다. 어떤 이는 네이버, 어떤 이는 구글, 어떤 이는 다음 카페 등에서 정보를 찾는다. 각자 사용하거나 보기 편리한 걸 이용하는 것일 뿐, '어떤 게 가장 효율성이 높다.' 싶은 매체는 없다. 그래서 병원 광고 시, 가장 효율성 있는 광고 매체가 무엇인지를 문의하는 건 큰 도움이 되지 않는다. 오히려 질문하는 순간 업체는 기다렸다는 듯이 다양한 매체를 소개하며, 끈질기게 광고 효율성을 들먹이면서 영업하기 바쁠 뿐이다.

병원은 진료과목, 시즌에 따라서 집중하는 매체가 있을 수 있다. 만약 당장 생각나지 않는다면, 1년, 2년 전에 진행했던 매체나 질환, 초진, 매출 등을 확인해보자. 그리고 어떤 매체, 질환, 시즌에 따라 매출이 좋았는지를 비교하며, 우리 병원의 광고 전략을 세운다면 좀 더 효율적인 결과를 기대할 수 있을 것이다.

광고업체 선정 팁

'알면서도 속는다는 말은 모르기 때문이다.'

나날이 어려워지는 경기 속에서 가장 필요한 게 무엇일까? 좀 더 많은 사람에게 알릴 수 있는 광고이다.

하지만 광고업체가 넘쳐나는 만큼 고민은 커질 수밖에 없다. 어떤 부분을 중점으로 두고 선택하는 게 좋을지 생각하면 언제나 어렵기 때문이다.

특히 병원 마케팅은 포털 중에서도 검색 양 많은 네이버가 주가 된다. 따라서 시시각각 변하는 로직 구조를 이해하며, 발 빠른 대처가 가능한 곳을 찾는 게 중요하다. 또, 의료소비자가 원하는 니즈를 파악하는 일, 병원과 진료과목에 특성을 고려한 광고의 틀을 이해하고 있는지도 살펴봐야 한다. 우리 병원에 맞춘 제안, 기획, 실행에 잘 옮길 수 있는 업체를 찾아야 하기 때문이다. 블로그가 효과 있다고 해서 블로그에만 집중하거나 카페나 보도 자료, 키워드 광고만 집중적으로 하는 게 아니다. 병원이라고 해도 진료과목에 따라 광고매체의 효율성이 다르다. 그래서 광고비만 내고 맡기는 게 아니라 평소 대화가 잘 통하는 업체를 찾아야 한다.

하지만 그동안 몰랐을 수 있다. 광고장이의 말을 하나부터 백까지 믿고 진행했기 때문이다. 기대감을 품고 진행했지만, 결과는 생각과 달리 좋지 않았을까?

간혹 원장님 중에는 알고 있지만 속는다고 하는데, 정말 알면 속을 수 없다. 어렴풋이 알고 있거나 제대로 알지 못해서이다. 속는 사람이 나쁜지, 속이는 사람이 나쁜지는 알 수 없다. 왜냐하면, 믿을 수 있는 내용과 믿지 못할 내용을 구분하지 못한 사람의 잘못인지, 그걸 악용한 업체의 잘못인지는 각자의 사정이 있기 때문이다.

더군다나 의사가 환자와 치료를 생각하는 것처럼, 광고장이는 광고만 생각한다. 즉, 악어와 악어새처럼 아무리 서로 협력하고 파트너라고 해도 각자의 이상 차이가 존재하기 마련이다. 의료인에게는 의료기술이 있다. 그것이 프라이드이고, 노하우라고 할 수 있다. 광고장이에게도 노하우가 있다. 근데 정말 그 업체만의 노하우일까?

"우리만, 우리에게만, 우리는 가능하다."

라고 할 때 100% 신뢰하고 믿기도 하지만, 의심스러웠던 경우도 많다. 원장님 입장에서는 사실을 기반에 둔 이야기라서 믿을 수 있을지 모르겠지만, 허세 같거나 너무 확신하는 모습 등에 고개를 갸우뚱거릴 정도로 긴가민가 싶은 예도 있기 때문이다. 물론 노하우는 있을 수 있다.

하지만 지금 말하고자 하는 부분은 정말 그들한테만 있는 노하우일까? 라는 것이다. 우리만의 노하우라고 말하며, 아무리 숨긴다고 해도 웹상에 올라오면 누구나 찾을 수 있다. 얼마나 빠르고 정확하게 찾느냐가 노하우가 될 수 있다. 그렇지만, 이미 웹상에 올라온다면 결국 모두에게 알려지는 것은 금방이다. 근데 본인 외에 할 수 없다고 확신하며, 그들만의 노하우를 강조하고 있다면 어떨까? 만약 미팅하는 중에 이런 말 하는 광고업체라면 의심해야 한다.

1. 1위~3위 or 1위~5위 PC, 모바일 뷰 상관없이 무조건 상위 노출 보장

2. 기본 6개월 이상 광고를 집행해야 알 수 있다.

3. 로직 때문이다. 금방 복구될 것이다.

4. 광고비를 증액해야 한다.

5. 우리만의 노하우가 있다.

6. 병원만 전문으로 하고 있어요.

7. 고효율, 저비용 광고 집행 가능해요.

8. 의학지식 많은 전문가의 원고(작가가 직접 씀)

9. 클라이언트 요구사항 적극 반영

10. 문제 될 수 있지만, 그렇게 해드릴게요.

이 외에도 많지만, 대표적인 것만 추려봤다.

대행업체에 키워드를 주고 견적을 문의할 때를 떠올려보자. 무조건 상위 노출 보장이라고 했을까? 건바이건을 진행할 때 24시간 보장이라고 한다거나 PC 또는 모바일 검색 순위 상위 노출 월 보장을 말하는 것이다. 근데 월 보장은 업체마다 기준이 다르다. 평일 20일, 24일 기준을 하고 있거나 주말을 포함할 수 있는 만큼 계약서를 보고 확인해야 하기 때문이다.

업체와 미팅 후, '상위 노출 보장'이라는 말을 믿고 계약했을까? 처음에는 분명 상위 노출이 빨라서 기대감이 컸을지 모른다. 그래서 '걱정 없다' 싶었지만, 처음과 달리 글이 내려갔을 때부터 근심이 생긴다. 피드백이 생각보다 빨리 되지 않아서이다. 게다가 광고비를 내는 것인데도 불구하고 글이 내려갔다고 다시 올려달라고 요구하면 진상처럼 보일까 싶어서 '당연히 해주겠지', 생각하고 기다리는 일도 있다. 한 달이 지났을 때 어떨까? 당연하게 광고비 입금을 요청하면서 잠시 챙겨주기도 하지만 그것도 오래가지 않을 수 있다.

아예 우리 병원을 신경 써주는 곳이 없는 건 아니다. 대체로 신경 써주는 곳이 많다. 문제는 로직에 의해 한 번씩 블로그 탭이 뒤죽박죽될 때이다. 로직 때문이라며, 금방 복구된다고 하기 마련인데, 언제까지 복구될 것인지는 아무도 알 수 없다. 잠깐 롤백 현상으로 하루 이틀 사이에 돌아오면 '다행이다' 싶지만, 아닌 예도 있기 때문이다.

그런데 네이버의 직원인 것처럼 '곧 복구된다.'고 하거나 '우리의 노하우로 금세 복구할 수 있다'고 걱정하지 말라는 이야기만 되풀이하면 어떨까? 바로 찾는 일도 있지만, 그렇지 못할 때도 있다. 그래서 말뿐인 약속은 의심이 필요한 부분이다.

이러한 예도 있다.

"월 광고비 300만 원 또는 500만 원이면 다 해드릴게요."

라고 말하는 것이다. 생각해보자. 다 해준다는 게 어떤 뜻일까? 어떤 매체, 어떤 키워드, 어떤 디자인, 어떤 광고 방향성 등을 고려하는지에 대한 전략 없이 '무조건 다 해준다.'라고 할 때이다. 육하원칙까지는 아니어도 '무엇을, 어떻게, 왜' 정도로 진행할 매체, 방향성에 대해서 정리가 필요하다.

하지만 다 해준다는 말뿐이었는데 그것만 믿고 '알아서 해주겠지'라는 기대감에 시작했을까? 막상 원장님이 생각한 건 100이었지만, 업체는 50 정도만 하고 생색냈을 수 있다. 따라서 다 해준다고 말할 뿐, 어떤 광고를 진행할 것인지에 대한 구체적인 이야기가 없다면 의심이 필요하다.

또한,

"문제가 될 수 있지만, 그렇게 해드릴게요."

"우리 업체는 병원만 전문으로 하고 있어요."

라는 말을 미팅 중에 들었다면 이 또한, 생각해봐야 한다. 병원은 생명과 연관되어 있어서 음식점, 의류 등 일반적인 제품, 서비스와 달리 법에 접촉을 많이 받는다. 그래서 '무조건 된다'고 하거나 '상관없다'고 하는 경우라면 더욱 신중해야 한다.

만약 담당자나 업체가 병원 광고를 잘한다고 하는데 말뿐인지, 진짜인지 궁금할 수 있다. 그럴 때는 한두 가지 정도의 의료광고법 관련된 질문을 해보는 건 어떨까? 광고업체를 가리는 데 많은 도움이 될 것이다. 왜냐하면, 미팅했을 때에는 전부 다 된다고 하거나 걱정하지 말라고 할 수 있다. 근데 광고를 진행한 후 보건소에서 민원이 들어오면 그동안 진행해 온 광고를 전부 삭제하고 내려야 하는 불상사가 일어날 수 있기 때문이다.

네트워크 병원에 있을 때 많은 광고업체와 미팅을 했었다.

"우리는 병원만 전문으로 광고하고 있어요."

라는 업체가 많다. 근데 전문병원이나 의료인의 기준 등 간단한 질문조차 제대로 답하지 못하는 경우가 많았다. 이렇게 기본 지식조차 없는데, 과연 병원만 전문으로 하고 있다는 말을 신뢰할 수 있을까?

광고업체는 병원의 특성을 고려하기보단, 대부분 광고 자체를 어필하는 경우가 많다. 근데 병원 광고는 맛집, 화장품 등과 달리, 상위에 잘 띄우는 게 전부가 아니다. 무리하게 광고를 하면 오히려 문제가 될 수 있다. 보건소 민원으로 아무리 우리 병원의 글이 잔뜩 상위에 있어도 전부 내려야 하기 때문이다. 따라서 우리 병원에 관심을 두고 있거나 우리 병원이 중점으로 하는 질환, 시술 등에 이해도가 풍부한 업체를 찾는 게 가장 중요하다.

제 2 장

블로그 매뉴얼

'쉽지만 정답 없는 블로그, 어렴풋이 말고 확실하게 알고 가요!'

광고매체 중에서도 우리는 왜 블로그를 가장 많이 선택할까? 블로그를 하는 이유는 다양하다. 그중 초기 비용에 대한 부담이 없다는 게 가장 큰 장점이다. 부담 없이 제품이나 브랜드, 서비스에 대해 알릴 수 있고, 꾸준한 이웃 소통은 충성고객 확보가 가능하기 때문이다. 또, 홈페이지에 전부 담을 수 없었던 진솔한 이야기, 이미지, 영상을 넣을 수 있고, 서비스나 제품뿐만 아니라 서로의 일상도 공유할 수 있다. 그래서 병원 홍보, 마케팅, 광고 등에서 빠질 수 없는 매체가 바로 블로그이다.

문제는 아무런 준비 없이 '그냥 하면 되겠지'라고 생각하고 시작하는 경우이다. 왜냐하면, 상위에 오르지 않거나 금세 저품질로 이어지는 등 블로그 운영은 생각처럼 쉽지 않아서이다.

하지만 우리 병원의 홍보를 위해서 포기할 수 없는 블로그, 어떻게 관리해야 할까? 개설해서 문서만 발행하고 끝이 아니라 시작이 중요하다.

예컨대 수학 공부할 때를 떠올려보자. 수학하면 떠오르는 책이 있다. 수학의 정석, 개념원리 등이다. 수학 공식, 개념 등의 기초를 이해하기 위해서 필독서처럼 찾는 경우가 많기 때문이다.

이번에는 같은 교실에서 공부하는 반 친구들을 떠올려보자. 1등이 있지만, 꼴등도 있다. 분명 똑같이 공부했고 열심히 노력도 했다고 해도 성적은 다르기만 하다. 이유가 무엇일까? 방법이 달랐기 때문이다. 1등처럼 공부했다고 확신해도 기초가 없는 상태에서 시작한 공부는 애초에 출발점이 다른 것이다.

공부뿐만이 아니다. 건물을 세우기 위해 공사를 할 때 가장 중요한 게 무엇일까? 땅을 다지는 일에 공을 들이며, 기초가 튼튼해야 한다. 즉, 어떤 것을 시작할 때에는 처음 기초가 매우 중요하다.

블로그도 마찬가지다. 처음부터 '~카더라' 같은 속설만 맹신하는 게 아니라 기초가 탄탄해야 한다. '블로그 정도는 그냥 해도 된다.' 싶어서 호기롭게 시작하는 경우 실패하기 쉽다. 그래서 어렴풋이 생각했을 때 '이렇게 하면 되지 않을까?'가 아니라 기초부터 확실히 알고 시작하는 게 중요하다.

이때 참고해야 할 내용이 있다. 그동안 아무리 고객센터에 문의해도 응답이 없던 네이버에서 답을 해줬기 때문이다. '네이버 블로그 바로 알기 캠페인'을 통해서다. 매번 달라지고 바뀔 때마다 정답 없는 '~카더라'라는 발 없는 소문, 속설 탓에 혼선을 겪은 블로거에게 드디어 해답을 제시했다.

"제대로 설명해 줄 테니, 이제 더는 속설을 믿지 마세요."

라고 처음으로 응답해준 것이다.

네이버 검색 바로 알기는 총 3단계로 되어 있다. 단계마다 5개 질문의 답변이 있는데 1단계는 블로그 포스팅, 2단계는 블로그 환경, 3단계는 씨랭크 블로그이다. 추측만 있고, 정답이 없는 '~카더라' 소문에 더는 속지 말라며, 정리해줬다.

그런데 막상 보고 나면 더 혼란스럽기만 할 수 있다. 간단한 답변에 궁금증이 더 커졌기 때문이다. '그건 아닌 것 같은데…….' 라는 생각이 가득했을까? 이러한 아리송함을 해결하기 위해서 블로그 마케팅을 시작하기 전, 기초가 되는 네이버의 답변부터 차근차근 살펴보려고 한다.

블로그 포스팅 1단계 매뉴얼

그동안 블로그를 운영하면서 많은 속설을 들었을지 모른다. '이건 되고, 저건 안 된다'는 소문이 많았기 때문이다. 궁금증을 참지 못하고 네이버 고객센터의 문의하기도 하지만, 언제나 복사, 붙여넣기를 한 것만 같은 답변만 받았을까? 이렇게 매번 기계적인 답변만 반복하던 네이버가 드디어 응답했다. 더는 떠도는 소문을 믿지 말라며, 소통을 시작한 것이다. 총 3단계로 되어 있는데 그중 1단계 블로그 포스팅부터 시작하려고 한다.

1. 미리 글을 써놓고 복사 붙여넣기 해서 발행해도 될까?

"상관없다. 포스팅할 때, 원고를 복사하고 붙여넣는 방식은 정상적이다. 다만, 이때 무조건 많은 양의 원고를 빨리 복사, 도배하는 경우 오히려 스팸 문서로 분류될 수 있다."

질문과 답변을 보고 나면 무슨 생각이 들까? 이제는 블로그 창을 켜서 쓰는 게 아니라 '미리 문서를 작성하고 복사해도 되겠다.' 싶을 수 있다. 느린 컴퓨터를 켜서 한 자 한 자 정성스럽게 글을 쓰다가 렉이 걸려서 날아가면 어쩌나……, 하는 조바심을 겪지 않아도 되기 때문이다. '시간이 있을 때 미리 문서를 작성한 후 집이나 인터넷이 빠른 곳에서 복사, 붙여넣기 해서 발행해도 되겠다.' 싶기만 하다.

그동안 공들여서 작성한 문서를 발행했을 때, 1위는 아니더라도 상위 노출을 바라고 있었을 것이다. 그래서 한 시간, 두 시간씩 창을 켜놓으며, 정성스레 글을 작성한 이유도 '복사 붙여넣기 했다가 혹여 저품질로 이어질 수 있다' 싶은 걱정 때문이었다.

그런데 네이버에서 답을 제시했다.

"복사 붙여넣기를 해도 저품질로 이어질 일 없으니까, 이제 느린 컴퓨터로 힘들게 포스팅하지 말고 미리 문서를 작성한 후에 복사 붙여넣기를 해봐."

라고 달콤한 말로 속삭이는 기분도 든다.

우선 주로 복사, 붙여넣기 방식으로 문서를 발행하는 내 경우, 결과만 보면 미리 문서를 작성한 후에 복사 붙여넣기 해도 저품질로 이어지지 않았다.

다만, 한글이나 워드가 아닌 '메모장'을 이용해야 한다. 네이버 블로그 기능 중 사라진 기능이 있다. '글쓰기 API' 기능인데, 워드나 한글에 문서작성 후 바로 블로그에 문서를 발행할 수 있었다.

하지만 지금은 사라졌다. 이에 따라서 워드나 한글로 문서 작업을 한 후에 복사 붙여넣기 하는 과정은 코드가 남는다. 그래서 추천하지 않는다. 차라리 코드가 남지 않는 안전한 메모장을 추천한다.

만약 워드, 한글이 더 편하다 싶을까? 아니면 워드나 한글과 달리, 자동저장 되지 않는 메모장은 불안하다 싶을 수도 있다. 이 경우 먼저 한글이나 워드에 문서를 작성하고 난 후에 Ctrl+A를 눌러 전체 드래그 후 Ctrl+C로 복사하고 메모장에 Ctrl+V로 붙여넣기 해서 옮기면 된다.

이제 복사 붙여넣기가 해결되었기 때문에 끝난 걸까? 아마도 '복사 붙여넣기 해도 문제없다고 했으면 됐지!' 싶기만 하다.

하지만 1번 답변에서 주목해야 할 부분은 따로 있다. 복사와 붙여넣기가 아니다. '많은 양의 원고를 빨리 복사, 도배하는 경우 스팸 문서로 분류될 수 있다.'에 집중해야 한다.

다시 생각해보자. 느린 컴퓨터의 문제이거나 문서를 빨리 발행해야 하는 등 복사 붙여넣기를 하는 건 여러 가지 이유가 있다. 그중 하나는 바쁘고 귀찮거나 많은 양의 문서를 빨리 올리기 위해서이다.

네이버는 순수 사용자처럼 하는 '일반적인 것'을 가장 정상적이라고 생각한다. 근데 타자가 1분에 600타, 700타 정도의 빠르기라면 어떨까? 4,000자 ~5,000자 되는 분량의 문서 작성 후 이미지를 넣고 3분, 5분 만에 발행하는 건 현실적으로 불가능할 수 있다. 즉, 정상적인 발행은 복사, 붙여넣기가 아니다. 그래서 복사, 붙여넣기 해서 포스팅을 3분, 5분 사이의 끝났다고 하더라도 발행을 누르고 끝나서는 안 된다. 적어도 10분에서 30분, 1시간 정도 글쓰기 창을 켜놔야 한다. 창을 켜놓은 채 검색하고 뉴스를 본다거나 실시간검색 등을 보며, 어느 정도 체류한 후에 발행해야 한다. 왜냐하면, 일반 사용자처럼 보여야 안전하기 때문이다.

2. 포스팅 시 본문에 링크를 첨부하면 검색순위에서 떨어질까?

"상관없다. 하지만 같은 링크가 지속해서 반복되는 경우 스팸 문서로 분류될 수 있다."

우리가 블로그를 하는 이유부터 생각해보자. 다양한 이유가 있지만 단지, 추억만 남기려고 하는 건 아닐 것이다. 특히 '블로그 상위 노출'을 목표로 하는 경우 제품이나 서비스, 브랜드 등을 알리는 마케팅의 목적이 클 수밖에 없다.

게다가 키워드 광고는 7년~8년 전과 달리 전환이 낮아졌다. 광고 목적에 따라 다르겠지만, 똑똑한 의료소비자들이 더는 키워드 광고만 보고 선택하지 않기 때문이다.

하지만 같은 광고라고 해도 블로그는 다르다. 그래서 네이버에서 PC, 모바일 순위를 보장하는 파워콘텐츠를 선보였지만, 효과는 미비하다. 왜냐하면, 의료소비자는 똑같은 광고라고 해도 본인이 원하는 정보 위주로 콘텐츠를 찾는다. 결국, 딱딱한 정보만 있는 파워콘텐츠보다 생생한 후기 등 궁금증을 해결할 수 있는 정보가 가득한 블로그를 더 선호하고 있기 때문이다.

예컨대 우리가 블로그 할 때를 생각해보자. 성의 없이 개수만 채우기 위한 목적으로 문서를 발행하지 않는다. 검색 상위 즉, 상위 노출의 목적이 더 클 수 있다. 그래서 우리 사이트, 제품을 한 명이라도 더 많이 알리기 위해서 정성스레 문서를 작성한다. 이때 정보를 주는 텍스트, 이미지 외에 우리 병원 홈페이지로 좀 더 많은 사용자가 유입되기를 바라며, 홈페이지, 이벤트 페이지 등의 링크를 올리는 경우가 있다. 어떨까? 먼저 답변처럼 링크를 올리는 건 문제가 되지 않는다. 오히려 페이지뷰가 늘면 더 좋은 결과로 이어질 수 있다. 근데 네이버 플랫폼을 이용한 경우이다. 블로그에 있는 문서를 블로그, 블로그에 있는 문서를 카페, 카페의 있는 문서를 블로그에 옮기거나 네이버 쇼핑 검색 등의 링크 첨부는 문제없다.

다만, 네이버 플랫폼이 아닌, 개인 사이트의 같은 주소, 링크는 문제가 된다. 광고로 오인당하여 유사 문서 및 저품질의 원인이 되기 때문이다. 그래서 똑같은 사이트 링크를 주야장천 올리면 검색순위에서 떨어질 수 있는 만큼 주의해야 한다.

만약 우리 병원의 홈페이지, 이벤트 페이지 등 똑같은 링크를 지속해서 올려야 하는 경우 걱정스러움이 커질 수 있다. '우리 병원의 이벤트 링크가 하나뿐인데…….' 싶어서이다.

방법이 없는 걸까? 같은 링크의 반복이 필요할 경우 어떻게 해야 좋을까? 만약 똑같은 링크를 반복해야 한다면 주소 변경을 추천한다.

예를 들면 https://bitly.com/ 사이트이다. 이곳에서 첨부하고자 하는 링크를 입력하면 같은 링크라고 해도 매번 주소가 바뀌는 것을 확인할 수 있다.

그동안 같은 링크를 반복하며, 문서를 발행했을까? 반복되는 링크 때문에 수시로 누락되거나 저품질이 되었을 수 있다. 따라서 스팸 문서로 이어지지 않도록 주소를 수시로 변경하며, 이제부터라도 안전한 운영을 추천한다.

3. 블로그 문서를 발행한 후 지속해서 수정해도 문제없을까?

"문제없다. 잘못된 정보의 문서보다 오히려 수정된 올바른 문서가 더 좋은 문서이기 때문이다."

블로그를 운영하면 할수록 궁금증은 늘어나기 마련이다. 처음에는 호기롭게 시작하지만, 하면 할수록 어렵기 때문이다. 그래서 책을 찾아 도움을 받기도 하고, 검색을 통해 알아보기도 한다. '어떻게 운영을 해야 상위에 더 잘 올라갈까?', '방문자가 늘어날까?' '저품질이 되지 않을까?' 등에 대한 궁금증을 없애기 위해서이다,

그중에서도 '갑자기'가 있다. 아무리 생각해도 평소와 다른 점은 없었을지 모른다. 분명 이전과 똑같은 방법으로 문서를 발행했기 때문이다.

그런데 상위 노출된 문서가 갑자기 사라지는 경우가 있다. '어제 혹은 오늘 오전만 해도 상위 노출된 문서가 갑자기 내려갔을까?', '왜 갑자기 사라졌을까? 싶기만 하다. 그리고 자연스럽게 저품질을 의심하게 된다.

저품질일까? 싶은 걱정을 하며, 탈출을 위해 방법을 찾아봤을까? 그 중 '~카더라'라는 속설에서 본 것 중 하나가 눈에 들어왔을지 모른다. '혹시 수정이나 삭제, 비공개를 많이 해서 블로그 품질 지수가 떨어졌나? 설마 그것 때문에 저품질이 된 건가?' 싶기 때문이다.

평소 우리는 블로그 운영을 더 잘하고 싶은 욕심에 공부하기도 한다. 이때 책을 보거나 강의를 들어보면 상위 노출보다 더 강조하는 게 있다. 바로 저품질로 이어지지 않는 팁이다. 저품질로 이어지지 않는 팁은 각자 겪었던 경험에 따라서 다양할 수 있다. 근데 공통으로 강조하는 것 중 하나가 이미 발행한 문서를 수정, 삭제하지 말라는 것이다. 그래서 네이버의 답변이 의아하기만 하다. '수정해도 문제없다는 말을 믿어도 될까?', '정말일까?' 싶기 때문이다.

문서를 발행한 후 1분 만에 수정하는 경우, 업데이트되고 최신순에 올라왔

지만, 정확도에 없을 때 수정하는 경우, 업데이트 후 상위에 띄운 문서를 수정하는 경우가 있다. 또, 24시간이 지난 후 수정하는 등 방법은 다양하다. 이렇게 여러 가지 방법으로 문서를 수정해봤지만, 저품질로 이어진 블로그는 없었다. 즉, 문서를 발행한 후에 수정한다고 해서 무조건 저품질로 이어지는 건 아니다.

그렇다면, 문제가 없는 걸까? 이번 답변에도 핵심은 문서의 수정이 아니다. '잘못된 정보의 문서보다 수정된 문서가 더 좋은 문서이다'가 핵심이다. 발행한 문서를 훑어보다가 잘못된 부분을 보고, 올바른 문서로 바꾸기 위해서 수정하거나 제목 오타 수정 등은 문제없다.

하지만 본문이나 제목에 오타 하나 없이 완벽한 문서를 수정하는 경우 문제될 수 있다. 상위 노출을 위해서 키워드를 줄이거나 더 넣을 때이다. 또 경쟁이 더 치열한 키워드로 변경하는 등 멀쩡한 문서를 수정할 때도 위험할 수 있다. 잘못된 내용을 수정하여 좋은 문서로 만드는 것과 제목, 키워드 등 상위에 띄우기 위한 목적의 수정은 다르기 때문이다.

만약 문서 발행 후에 꼭 수정이 필요하다면 어떻게 해야 할까? 업데이트 전에 수정하는 것이다. 그리고 업데이트 후에 수정이 필요한 경우라면 수정 후 바로 발행이 아니라 체류하며, 10분, 20분 정도 지난 후에 발행을 추천한다.

4. 이미지는 꼭 3장 이상 넣어야 검색 상위 노출에 유리할까?

"아니다. 이미지의 수나 형태, 파일명 등 제한이 없기 때문이다. 문서 내용이 잘 설명될 수 있는 이미지라면 개수는 전혀 고려하지 않아도 된다."

『블로그 잘하는 법』

『파워블로거 되는 법』

『블로그 글 쓰는 법』

『블로그 글쓰기』

『블로그로 천만 원 벌기』

등 블로그와 관련된 책은 수없이 많다. 그 많은 책을 전부 읽어보지 않았지만, 실전 편에서 빠지지 않고 언급되는 게 있다. 바로 이미지에 대한 부분이다. 문서를 발행할 때, 이미지 몇 장 이상 꼭 넣어야 상위 노출이 된다고 강조하기 때문이다.

그중에서도 이미지를 3장 이상 넣어야 검색 상위에 노출이 더 잘되는 것인지에 관한 질문이었는데, 이미지의 개수, 형태, 파일은 상관없다고 했다.

답변을 보면 다시 궁금증이 생기게 된다. 정답이라고 믿었던 책에서는 이미지 3~5장 이상 넣고, 새로 찍거나 수정하는 게 좋다고 했기 때문이다. 그래서 매번 새로 사진을 찍거나 이미지를 수정하는 번거로움이 있었는데, 이제 상관없다는 답변에 '정말일까?' 의구심이 생긴다.

불과 5년, 4년 전만 해도 이미지를 몇 개 이상 넣어야 상위 노출에 유리했다. 또, '~카더라' 속설에 의하면, 파일이 무거울수록 상위에 잘 오른다는 소문도 있었다. 한 번도 쓰지 않은 새로운 이미지와 동영상을 첨부하여 용량 자체를 무겁게 하며, 문서를 발행하는 게 좋다는 것이다.

그런데 언제부터였을까? 이미지를 몇 장 이상 꼭 넣어야만 상위 노출되는 공식이 사라졌다. 이미지를 넣지 않아도 되고, 이미지 대신 동영상만 첨부해도 상관없다. 또, 이미지, 동영상 없이 텍스트만 있어도 상위 노출이 가능하다. 즉, 이미지를 3장 이상 넣어야 검색이 잘되는 건 아니다.

하지만 '용량이 클수록 좋은 문서이다'라는 건 변함이 없다.

2018년도에 네이버는 15주년을 기념하며, 블로거 500명을 초청한 적이 있었다. 후기를 보면 15년 동안의 네이버와 향후 발전하는 10년의 비전을 설명했다고 한다. 강조하는 부분이 많았는데 그중 하나가 동영상에 대한 예찬이었다. 기존의 텍스트와 이미지 위주의 문서가 아닌, 동영상을 강조한 것이다.

분명 이전까지만 하더라도 '이미지를 많이 넣는 게 좋은 문서의 상징이다.'가 맞았을 수 있다.

최근에는 로직이 바뀌었다. 이미지만 첨부한 문서는 좋은 문서가 될 수 없다. 그래서 병원도 동영상을 첨부하고 있다. 근데 중요한 부분이 있다. 로직이 바뀌면서 이전에 비슷한 이미지 또는 똑같은 이미지로 만든 한 장짜리의 의미 없는 동영상은 유사 문서로 이어지기 때문이다. 따라서 새로운 이미지와 동영상을 적절하게 섞어서 문서를 발행해야 한다. 즉, 우리 병원만의 콘텐츠를 기획, 제작하는 게 꼭 이미지를 3장 이상 첨부하는 것보다 훨씬 더 중요하다.

5. 포스팅 시 제목, 본문에 키워드가 많으면 검색 상위 노출이 더 잘될까?

"상관없다. 인위적으로 키워드(검색어)를 넣어 작성한 문서의 경우 어뷰징으로 이어질 뿐이다. 제목이나 본문에 키워드는 문서의 내용을 대표할 수 있는 명확한 것이 더 좋다."

'이왕이면 상위 노출되면 좋겠다.'라고 생각하며, 한 자 한 자 정성을 담아 문서를 발행했을 것이다. 근데 생각만큼 순위에 오르지 않았을까? 그래서 1위의 문서를 참고하거나 검색 잘 되는 법칙 등을 공부하면서 본인만의 법칙을 찾았을지 모른다. 만약 법칙을 찾지 못하더라도 책을 보거나 강의를 들었을 수도 있다. 검색 순위에 유리한 상위 노출 법칙이 있기 때문이다.

우선 블로그 상위 노출은 여러 가지를 고려해야 한다. 그중 상위 노출을 위해서 키워드(검색어)를 몇 개 정도 넣어야 하는지에 대한 부분을 설명하려고 한다.

1. 키워드 4개~8개
2. 이미지, 동영상 포함 7개~10개
3. 본문에 글 내용은 500자~1,500자
4. 검색이 되고 싶은 키워드를 가장 왼쪽에 써야 한다.

이러한 내용을 봤거나 들어본 적 있었을까? 책이나 '~카더라' 속설에서 봤을 수도 있다. 또 블로그를 운영하며, 이웃 활동을 통해 들어봤을 수도 있다. 상위 노출 공식처럼 4년, 5년 전만 해도 키워드와 이미지, 본문의 글자 수 등인데, 예전에는 어느 정도 따라 하면 가능했다.

7년, 8년 전에는 키워드를 본문에 10개, 20개 넣어야 더 상위 노출이 잘 되는 예도 있었다. 그래서 많은 양의 키워드를 제목과 본문에 넣는 게 상위 노출의 유리하다고 생각해왔다.

하지만 지금은 어떨까? '인위적인 키워드의 개수보다는 문서를 대표할 수 있는 키워드가 중요하다'라는 것처럼 키워드의 개수는 이전과 달리, 크게 영향을 주지 않는다.

그렇다면, 키워드는 몇 개 이상 되어야 좋은 문서로 판단되는 것일까? '수학처럼 공식을 알려주면 좋겠다.' 싶기만 하다. 근데 몇천 개, 몇만 개 되는 키워드를 전부 사용하지 않았고, 검색해보지 않았다. 그래서 상위 노출을 위한 키워드 개수의 확답은 어렵다.

다만, 본인이 올리고자 하는 키워드에 따라서 예측은 어느 정도 가능하다. 블로그 품질 지수에 따라 차이가 있지만, 품질 지수가 비슷하다면 도움이 될 것이다. 먼저 원하는 키워드를 검색했을 때 1위 혹은 1위~5위, 시간이 된다면 1위~10위까지 키워드 개수를 파악한다. 제목부터 본문에 들어간 키워드 개수를 확인하고 비슷하게 발행한다면 상위 노출 확률에 유리하기 때문이다.

블로그 환경 2단계 매뉴얼

네이버 검색 바로 알기 1단계에서 블로그 포스팅에 대한 부분이었다. 문서 발행을 할 때의 주의해야 할 점 등을 설명한 것이다. 이번에 2단계는 블로그 환경이다. 상위 노출 방법을 찾거나 저품질, 누락 등을 경험했을까? 탈출법을 찾다 보면 '~카더라'라는 무성한 소문은 끝이 없다. 그래서 2단계 환경에 대한 부분에 대해서 알아보려고 한다.

1. 블로그가 저품질 된 이웃은 내 블로그에도 악영향을 줄까?

"이웃을 맺은 블로그가 갑자기 달라지는 경우가 있다. 또 운영하지 않는 예도 있을 것이다. 그렇다고 해서 이웃의 블로그 상태가 나와 직접적인 영향을 주는 것은 아니다. 오히려 평소 이웃과 꾸준한 소통은 블로그 품질 지수에 좋은 영향을 준다."

'이웃이 내 블로그의 영향을 많이 줄까?'라는 생각을 해봤을 수 있다. 아마도 저품질 된 블로그와 이웃하면 본인의 블로그 또한, 저품질 걸릴 확률이 높다는 속설 때문이다. 근거 없는 속설인지, 추측인지조차 알 수 없는 소문을 들으며, 걱정은 커지기 마련이다. 그동안 공들여서 열심히 키운 블로그가 혹여나 저품질 된 블로그와 이웃하게 되면 본인조차 저품질이 될까 싶어서이다. 그래서 저품질 된 블로그와 되도록 이웃을 하지 않아야 한다는 말을 믿었을 수 있다. 또, 본인의 문서가 상위 노출되기 위해서는 품질 지수 향상이 중요한 만큼 주기적인 이웃 정리 등을 추천하기도 한다. 그만큼 이웃이 본인의 블로그에 많은 영향력을 끼친다고 생각한 것이다.

결론부터 말하자면, 저품질 된 블로그와 이웃이라고 해도 본인의 블로그가 저품질로 이어지는 건 아니다.

그렇다면, 이웃은 아무런 영향력이 없을까?

1. 이웃이 100명 미만이지만, 이웃과 활발하게 소통하는 A 블로그
2. 이웃이 2,000명 이상이지만, 이웃과 전혀 교류가 없는 B 블로그

어떤 블로그가 더 좋다고 할 수 있을까? 정답을 말하기 전, 블로그를 먼저 설명하려고 한다. 블로그가 처음 만들어졌을 때는 싸이월드가 유행하던 시기였다. 그래서 블로그는 홍보보단, 개인의 일상이나 본인 생각을 담는 일기장 같은 역할을 했었다. 소통은 커뮤니티에서 하는 것으로 생각했을지 모른다.

하지만 지금은 달라졌다. 네이버 블로그야말로 가장 큰 홍보수단이라고 할 수 있다. 이웃과 꾸준한 소통은 장기적으로 블로그 운영에 도움이 된다. 꾸준한 이웃과의 소통은 품질 지수(점수)를 높이는 데 중요한 역할을 하고 있기 때문이다. 즉, 저품질 된 블로그와 이웃한다고 해도 문제없다.

그리고 정답은 1번, A 블로그가 더 좋다. 이웃의 수가 많다고 전부가 아니다. 이웃만 많고 소통이 전혀 없는 경우보단 댓글, 공감, 스크랩 등 이웃과 꾸준하게 소통하는 블로그가 품질 지수를 더 높이는 방법이다.

2. 사용자 반응(스크랩, 댓글, 공감)은 검색 상위 노출에 큰 영향을 줄까?

"사용자 반응은 검색 상위 노출에 큰 영향을 주지 않는다. 충분히 어뷰징이 가능하기 때문이다. 특히 비정상으로 보일 만큼의 많은 스크랩 등의 사용자 반응은 어뷰징 블로그로 분류되어 저품질로 이어질 수 있다."

우리가 블로그를 하는 이유는 다양하다. 일상적인 이야기, 육아, 여행, 나만 알고 있는 팁 같은 정보나 소소한 취미 등을 올리며, 소통하기 위해서 운영할 수 있다. 이렇게 추억이나 본인이 알고 있는 정보를 공유하고 싶은 목적도 있지만, 그중 많은 부분을 차지하는 게 마케팅이다.

문서를 발행할 때는 '1페이지 혹은 1위~5위 안에 안착하였으면 좋겠다.'라는 기대감이 있었을 것이다. 그래서 상위 노출 방법을 찾아보는 경우가 많은데, 그중 하나가 사용자 반응(스크랩, 댓글, 공감)에 대한 부분이다.

처음 블로그를 하며, 문서를 발행했을 때를 생각해보자. 꾸준히 관리하면

'상위 노출할 수 있다' 싶었을 것이다. 근데 노력해도 순위에 오르지 않을 때부터 여러 가지 방법을 찾아봤을까? 그중 사용자 반응(스크랩, 댓글, 공감)이 중요하다는 것에 집중했을지 모른다. 그래서 이웃이 남긴 댓글 하나도 놓치지 않고 관리하면 된다고 생각했을 수 있다. 하나하나 반응하며, 댓글과 공감 등 문서를 발행하는 것만큼 많은 시간을 할애했을지도 모른다.

그런데 인제 와서 품앗이는 어뷰징이 될 수 있으며, 아무런 영향도 없다고 했다. 이러한 답변에 '어떻게 해야 상위 노출을 할 수 있을까?' 싶기만 하다.

먼저 '어뷰징'을 알아야 한다. 오용, 남용, 폐해 등의 사전적인 뜻을 가진 단어인데, 의도적으로 상위 노출하기 위해서 공감, 댓글, 스크랩하는 경우이다.

그렇다면, 정말 사용자 반응(공감, 스크랩, 댓글)은 상위 노출에 아무런 영향이 없을까? 애매한 답변이겠지만, 효과가 있을 수도 있고 없을 수도 있다. 즉, 너무 과하면 효과가 없지만, '적당히' 한다면 효과는 있다.

네이버에서 가장 강조하는 게 있다면 단연코 '소통'이다. 그리고 블로그 품질 지수의 영향을 주는 페이지뷰가 있다. 사용자가 본인이 필요로 하는 문서만 읽고 이탈하는 게 아니다. 다양한 문서를 보며, 체류 시간과 페이지뷰를 늘리는 게 품질 지수를 올리는 데 효과적이다.

그런데 문서를 읽기만 하고 끝난다면 어떨까? 아무런 액션 없이 문서만 보면 될까? 만약 10개의 문서를 본다고 했을 때, 10개의 페이지뷰와 체류 시간이라면 분명 품질 지수에 좋은 영향을 준다. 다만, 단순히 문서만 보고 끝이 아닌, 액션을 하는 것 또한 중요하다.

애초에 필요 없는 기능이라면 이미 없었을 것이다. 2019년 1월 말에 종료한 '다녀간 블로그'처럼 스크랩, 공감, 댓글도 아무런 역할을 하지 않는다면 없애 버렸을 수 있다.

그러나 없애지 않은 건 첫 번째 소통이고, 두 번째는 소통으로 블로그 품질 지수(점수)를 높이는 것이다. 이렇게 소통과 품질 지수를 향상하여 상위 노출로 이어질 수 있도록 하고 있기 때문이다.

그런데 아무리 품질 지수를 쌓아도 검색 상위 노출에서 밀린다면 아무 소용 없다. 왜냐하면, 비슷한 품질 지수의 블로그라고 하더라도 어떤 이는 상위 노출되고, 어떤 이는 순위에서 밀리기 때문이다. 그래서 우리는 상위 노출을 위해서 공감, 댓글, 스크랩 같은 사용자 반응을 생각하는 것이다.

우선 네이버의 답변은 거짓이다. 답변과 달리, 검색순위에 사용자 반응이 아무런 영향이 없다는 건 아니기 때문이다.

다만, 스크랩, 댓글, 공감의 영향력은 존재한다. 공감이 100개, 200개 있는 문서라도 모두 검색 상위에 있는 것은 아니다. 오히려 상위에 없는 경우가 더 많다. 문서를 읽지 않아도 본인과 이웃이라면 공감을 누를 수 있는 기능이 있다. 조회 수는 10 미만인데, 공감만 50개, 100개씩 달린 문서를 볼 수 있다. 댓글도 마찬가지이다. 댓글이 100개, 200개 있는 문서라도 무조건 1위에 있는 것은 아니다. 즉, 공감과 댓글은 상위 노출에 큰 영향을 주지 않는다.

스크랩은 과연 어떨까? 스크랩은 어느 정도 블로그 상위 노출에 영향을 준다. 지금은 기능이 사라졌지만, 이 전에는 다른 사람이 발행한 문서의 스크랩 수를 볼 수 있었다. 상위 노출된 문서의 스크랩 숫자를 보면서 똑같이 하거나 하나 더 하는 등 따라 하면 본인이 발행한 문서도 상위 노출이 가능했다. 근데 현재는 다른 블로그의 스크랩 개수를 확인할 수 없다. 본인 블로그의 문서만 스크랩 및 조회 수를 볼 수 있도록 바꿔 놨기 때문이다. 그래서 본인 외에 다른 사람이 발행한 문서의 스크랩 개수 확인은 불가하다.

하지만 사용자의 반응이 1도 영향을 미치지 않는다는 것은 아니다. 어느 정도 검색 순위에 영향을 주며, 소통과도 관련이 있다.

그런데 발행한 문서를 100개 이상 스크랩한다고 해서 상위 노출 1위가 되는 것은 아니다.

예를 들어서 체험단 뽑을 때를 떠올려보자. '해당 포스팅을 본인의 블로그에 스크랩하고 댓글을 달아주세요'라는 문구를 볼 수 있다. 이 경우 체험단에 뽑히기 위해서 본인의 블로그에 열심히 퍼 나르며, 스크랩할 것이다. 그리고 스크랩을 완료했다는 댓글을 남긴다. 경쟁이 치열한 체험단 이벤트는 댓글이 100개~300개 이상 달린 것도 볼 수 있다.

이제 확인해보자. 전부 검색 상위에서 볼 수 있을까? 막상 검색하면 스크랩을 완료했다는 댓글이 100개, 많을 때는 200개~300개가 넘고 있는 문서였지만, 검색 노출 순위를 보면 상위에서 찾아볼 수 없었을지 모른다. 결국, 스크랩과 댓글, 공감 등 사용자 반응이 상위 노출에 무조건 유리한 건 아니다.

사용자 반응(스크랩, 댓글, 공감)을 할 때는 유념해야 하는 게 있다. 과유불급이라는 사자성어이다. '지나친 것은 미치지 못한 것과 같다'라는 뜻이다. 즉, 어느 정도의 사용자 반응이 상위 노출에 도움 될 수 있지만, 스크랩, 댓글, 공감에 의존하는 무작위에 의한 품앗이는 어뷰징으로 이어질 수 있음으로 주의해야 한다.

3. 블로그 운영 시 깨끗한 아이피로 운영해야 될까?

"상관없다. 깨끗한 아이피 자체는 존재하지 않으며, 어떤 아이피를 사용해도 무방하다."

"블로그는 깨끗한 아이피로 운영해야 한다."

라는 이야기를 블로그를 운영하다 보면 한 번쯤 들어봤을 수 있다. '~카더라' 같은 소문이 많았기 때문이다.

그런데 이러한 이야기가 추측이나 소문이라고 하더라도 '도대체 무슨 차이가 있을까?', '깨끗한 아이피가 무엇일까?' 싶기만 하다. 아마도 보이지 않는 랜선을 타고 들어오는 아이피는 '전부 똑같지 않을까?' 싶어서이다.

'깨끗한 아이피'라는 말 자체를 이해하기 어려울 수도 있다.

우선 아이피는 상업성이 전혀 없는 개인적인 취미로 블로그를 운영하는 경우라면 큰 문제 없다.

다만, 상업적인 문서, 홍보 목적의 블로그 운영을 할 때라면 다르다.

- 고정 아이피 구매하여 블로그를 운영하면 안전하다.
- 여러 개의 블로그 운영을 위해서는 VPN(가상 아이피)을 구매하는 게 효율적이다.
- 집(가정용) 아이피가 가장 좋다.

이런 속설을 들어본 적이 있을까? 그저 추측성 이야기라고 생각할 수 있다.

하지만 그동안 블로그를 하면서 느낀 점은 결코 속설이 아니라는 것이다. 보이지 않는 아이피도 차이는 존재한다. 그래서 깨끗한 아이피 또는 VPN을 사용하는 게 좋다. 애정을 담아 정성스럽게 블로그를 운영해도 한순간에 저품질이 되면 소용없을 뿐이다. 즉, 애정을 쏟은 블로그가 저품질로 이어지지 않기 위해서는 주의해야 할 것이 많은데, 그중 하나가 아이피이다.

도대체 불량 아이피는 무엇일까? 통신사 인터넷을 설치해서 쓰면 다 똑같은 거 아닐까? 인터넷 설치를 했음에도 불구하고 꼭 구매까지 필요할까? 등 궁금증만 늘어날 수 있다.

먼저 집에 있는 가정용 아이피라면 문제없다. 그래서 자금이 많은 병원에서는 집에 있는 공유기를 이용하여 회사에 VPN을 설치하기도 한다. 그 정도로 가정용 아이피로 블로그를 운영한다면 전혀 걱정할 필요 없다.

문제는 집이 아닐 때이다. 가정용 아이피가 아닌 경우를 뜻한다. 너무 자세하게 적을 수는 없지만, 가장 중요하게 생각해야 할 부분은 깨끗한 아이피이다.

하나의 블로그, 하나의 아이피를 사용하는 게 가장 안전하다. '왜 그렇게까지 해야 해?'라고 한다면, 아이피를 '보험'이라고 생각하자. 우리가 보험에 드는 이유는 병이 생기기 전에 대비하는 것이다.

아이피도 마찬가지다. 공들인 블로그가 한순간에 저품질로 이어지지 않도록 미리 대비하는 보험이라고 생각하면 된다.

만약 본인의 블로그가 평소와 다른 징후가 나타난다면 확인해보자. 최신순에만 보이거나 검색옵션에서 기간을 1일, 1주일로 설정했을 때 마지막에 걸쳐 있는 등의 경우이다. 이때 저품질 가능성도 있지만, 아이피도 의심이 필요하다.

참고로 SK는 다른 통신사와 다른 특이점이 있다. 컴퓨터를 껐다, 켰다 할 때마다 맥 주솟값이 바뀐다. 근데 맥 주소 값만 바뀔 뿐, 대역 대가 바뀌는 게 아니라서 큰 문제는 없다.

덧붙이자면, 같은 지역도 집과 건물에 따라 대역 대가 다르며, 지역에 따라서 유독 불량 아이피가 많은 경우도 있다. 그래서 VPN을 구매할 때는 지역을 살펴봐야 한다. '새로 산 아이피는 전부 깨끗하겠지!'라고 생각하고 사용해서는 안 된다.

또한, 비슷한 대역 대를 가진 아이피가 여러 개라면 지역을 꼭 확인해보자. 같은 대역 대, 지역이 몰린 경우 블로그를 키우거나 카페 활동을 하며, 서로 품앗이를 하다가 전부 저품질로 이어질 수 있기 때문이다.

★ 내 아이피 쉽게 확인하는 방법 ★

네이버 검색창에 '내 아이피' 검색하면 나오는 숫자이다.

★ 내 아이피의 지역이 궁금할 때 확인 방법 ★

네이버 검색창에 '맛집' 검색하면 나오는 지역이다. 즉, VPN으로 아이피 변경 후 아이피의 지역을 확인할 때 검색해보면 된다.

네이버의 답변과 달리, 깨끗한 아이피가 블로그 운영에 더 효율적이다. 따라서 평소 블로그, 카페, 카페 아이디 등이 자주 망가져서 고민이라면 VPN을 구매하자. 깨끗한 아이피로 관리한다면 더 효율적인 운영이 가능하기 때문이다.

4. 키워드 상관없는 의미 없는 문서라도 자주 발행하는 게 블로그 지수에 더 효율적일까?

"아니다. 블로그는 검색 결과에 아무런 차별이 없다. 또한, 전문성 문서 1개의 발행이 10개의 의미 없는 문서보다 훨씬 블로그에 좋은 영향을 준다."

'진짜일까?' '설마?' 싶어서 고민하고 있을지 모른다. 우선 답변을 알아보기 전에 씨랭크, 다이아로직을 이해하는 게 먼저이지만, 뒤편에서 설명할 예정이라서 간단하게 정리하려고 한다.

최근 몇 년 동안 씨랭크 로직에 관한 이야기를 많이 들어봤을 것이다. 아마도 최적화 블로그를 구할 수 없을 때부터이다. 최적화를 구하는 게 어려워지면서 대행업체에 키워드 견적을 알아봤을까? 키워드에 따라 다르지만, 유난스럽게 비싼 단가의 키워드를 물어보면 씨랭크라고 했기 때문이다.

도대체 씨랭크 로직이나 블로그, 키워드는 무엇일까? 쉽게 말하자면, 지금은 사라진 파워 블로그를 생각하면 된다. 하나의 주제를 갖고 꾸준히 문서를 발행했더니, 어느 순간 파워 블로그로 선정된 것이다. 여행이나 사진, 일상, 맛집, 패션, 뷰티 등 다양한 분야가 있다. 이러한 전문성을 갖춘 파워 블로그 대신 나온 블로그가 씨랭크라고 할 수 있다. 즉, 다양한 주제의 문서 발행이 아닌, 하나의 주제로 '전문성'을 갖춘 블로그라고 생각하면 된다.

다이아로직은 무엇일까? SNS, 유튜브 플랫폼이 인기를 끌면서 네이버를 떠나는 사용자가 늘어났다. 이에 따라 사용자를 붙잡기 위한 수단 중 하나로 다이아로직을 선보였다. 씨랭크(전문성)가 높고, 좋은 문서(다이아)발행은 신규 가입자도 검색 상위에 진입이 가능하게 된 것이다.

그런데 다이아로직은 어떻게 좋은 문서로 인식할까? 좋은 문서는 누가 판단할까? 네이버는 '좋은 문서의 특징을 조합하여 유형을 만들었다. 이렇게 만들어 놓은 유형의 기준에 따라서 좋은 문서를 판단하고 있다.'라고 설명했다.

예를 들면, 과거에는 일본 여행기 1탄, 일본 여행기 2탄, 일본 여행기 3탄 같은 동일 키워드가 반복되면 무조건 저품질로 이어졌다. 1탄, 2탄, 3탄, 4탄 같은 연재식의 문서 발행은 상위 노출을 위한 어뷰징이라고 판단했기 때문이다.

하지만 기준을 바꿨다. 문서 자체의 전문성을 갖추고 있다면 동일 키워드가 반복되는 연재도 충분히 가능하다.

그렇다면, 전문적인 문서 발행만 중요할까? '10개의 의미 없는 일상 문서발행보단, 1개의 전문성을 살린 문서가 더 좋다'고 했다. 정말 블로그 품질 지수를 생각한다면 전문성 갖춘 문서만 발행해야 할까? 우선 답변만 100% 믿고 전문성의 문서만 발행하는 건 위험하다. 왜냐하면, 네이버는 늘 변화하며, 규칙이 없다. 그래서 로직이 갑작스럽게 바뀌면 전문성을 갖춘 블로그라도 어뷰징으로 판단되면서 언제든 저품질로 이어질 수 있다. 따라서 블로그 품질 지수와 안전을 생각한다면, 10개의 의미 없는 문서도 의미를 두고 발행해야 한다.

지난 15년 동안의 시간을 거슬러 올라가면 네이버는 끊임없이 진화하며, 바뀌고 있다. 즉, 이렇게도 하고 저렇게도 하면서 변화하고 있다.

그러나 지속적인 변화를 거듭한다고 하더라도 변하지 않는 게 있다. 진정성 있는 문서와 꾸준함이다. 간혹 일상 글은 의미 없다고 생각하는데 정말 의미 없을까? 본인의 생각, 일상 글을 담은 이야기보다 전문성의 문서가 더 중요할지에 대한 부분이다. 비슷한 내용의 글, 이미지 등이 반복되는 전문성의 문서보다 오히려 본인만의 진솔함을 담은 일상 글이 더 낫지 않을까? 전문성에 대한 로직은 수시로 변화를 거듭하지만, 진정성을 담은 일상 글의 로직은 변화가 없다. 또, 일상 글은 댓글, 공감이 많아 소통을 통해 블로그 품질 지수에도 좋은 영향을 주는 장점이 있다.

한 가지 더 생각해보자. 의미 없는 문서의 기준은 무엇일까? 일상 글은 의미 없다고 하지만, 하루 동안에 겪은 가장 기억에 남은 이야기, 생각 등이 과연 의미 없다고 할 수 있을까? 본인에게 의미 있는 문서라면 네이버에서도 의미 있다고 판단할 것이다. 따라서 전문성 1개의 문서만 발행해서는 안 된다. 일상 문서도 꾸준하게 발행해야 훗날 로직이 바뀌어도 대비할 수 있기 때문이다.

5. 내 블로그를 검색했을 때 순위에 없다면, 버리고 새로 만드는 게 낫다?

"블로그를 새로 만들어도 왜 망가졌는지에 대한 문제 파악이 되지 않는다면 똑같은 결과로 이어질 뿐이다. 더군다나 평소 꾸준하게 운영한 블로그는 씨랭크가 될 확률이 높아 새로 만드는 것보다 기존 블로그를 제대로 관리하는 게 효율적이다."

문서를 발행하기만 하면 어떤 키워드라도 상관없이 상위 노출되는 블로그였을까? 그 정도로 블로그가 무적이라고 생각했다면 그동안 아무 걱정하지 않았을 것이다.

그런데 어느 순간부터였을까? 최신순을 기준으로 했을 때만 문서가 보였을 뿐, 정확도에서는 80페이지~90페이지 정도 가야 겨우 문서를 찾을 수 있었을지 모른다. 이러한 상황이 되면 대부분 고민을 한다. '블로그를 버리고 새롭게 시작하는 게 나을까?' 아니면, '꾸준하게 문서를 발행하며, 다시 돌아오기를 기다리는 게 나을까?'에 대한 부분이다.

1. 블로그를 개설하고 1주일도 안 되었을 때

기다려야 한다.

2. 블로그를 개설하고 1개월이 지나도 변함없을 때

새로 만드는 게 좋다.

3. 블로그 상위노출이 되다가 갑자기 최신순에만 보일 때

새로 만드는 게 좋다.

분명 검색했을 때 순위에 나오지 않아도 꾸준히 운영하면 다시 점수가 쌓이고, 씨랭크 블로그가 될 수 있다. 그래서 개인 블로그를 운영하며, '추억이 가득하여 버릴 수 없다' 싶다면 차곡차곡 점수를 다시 쌓는 것도 나쁘지 않다.

하지만 병원 등의 상업적인 블로그라면 어떨까? 하루빨리 새로 하는 편이 낫다. 이미 점수가 깎이고, 좋지 않은 블로그로 인식되었기 때문이다.

예컨대 전과자라고 하면 우리는 알게 모르게 색안경을 쓰고 볼 것이다. 분명 새로운 삶을 살기 위해 노력한다고 해도 이미 전과자라는 것에서부터 지레 '어떤 사람이겠지'라고 판단하기 때문이다.

블로그도 마찬가지이다. 일반 블로그가 아닌, 다양한 이유로 이미 저품질이 되거나 검색해도 나오지 않는다면 네이버에서는 요주의 인물처럼 주시할 수 있다. 그래서 다시 점수를 쌓으며, 노력하는 시간보다 새롭게 시작하는 게 더 효율적이다. 생계와 직접적인 연관이 있는 경우라면 하루빨리 버리고 새로 하는 게 낫다.

만약 시간이 된다면 열정을 담아 소생시키는 것도 방법이지만, 시간이 없다면 다르다. 그러므로 이미 망가진 블로그를 미련 때문에 지속해서 붙잡고 있기보단, 다시 시작하는 걸 추천한다.

블로그 씨랭크 3단계 매뉴얼

1단계 블로그 포스팅, 2단계 블로그 환경에 대한 부분이었다. 이제 마지막 네이버 검색 바로 알기 3단계를 살펴보려고 한다. 드디어 등장한 게 씨랭크이다. 씨랭크 블로그에 대해서는 뒤에서 설명하겠지만, 최적화와 씨랭크 블로그에 대한 궁금증을 3단계에서 살펴보자.

1. 하나의 블로그를 운영 시 하나의 주제만 해야 할까?

"아니다. 하나의 주제가 아니더라도 다양한 주제의 글 모두 전문성이 높은 경우 검색 상위 노출에 유리하다. 다만, 하나의 주제로 꾸준하게 운영하다가 갑자기 주제와 관련 없는 문서를 발행하면 블로그에 좋지 않은 영향을 줄 수 있다."

답변을 보는 순간부터 궁금증이 생길 수 있다. 하나의 주제를 갖고 운영하다가 다른 주제로 바꾸면 블로그에 좋지 않은 영향을 준다고 했기 때문이다.

먼저 예를 들어보려고 한다. A라는 사용자는 애니메이션에만 관심이 있고, B라는 사용자는 게임에만 관심이 있다고 하자. A의 경우 애니메이션에 관심이 많았지만, 운전면허증을 따고 난 후부터 애니메이션보다 자동차에 관심이 생겨서 자동차 관련 문서를 발행할 수 있다. B의 경우 피부 트러블이 심해지면서 피부 관리에 관심이 생기고, 미용 쪽 문서 발행이 많아졌을 수도 있다.

그런데 평소 애니메이션, 게임이 아닌 다른 분야에 관심이 생기면서 이전과 다른 분야의 문서를 발행하면 좋지 않은 영향을 미치게 될까? 혹시 '블로그가 망가지면 어쩌나······,' 싶어서이다.

그러면 이번에는 파워블로거를 떠올려보자. 파워 블로그가 된 이유는 한 분야에 대한 전문성 때문이다. 육아, 패션, 여행, 미용 등에 관심을 두고 문서를 발행했더니 파워 블로그로 선정된 것이다. 근데 파워블로그라고 해서 한 분야의 문서만 발행했을까? 만약 잘 모르겠다면, 파워블로그를 찾아 '목록보기' 보는 걸 추천한다. 목록보기를 보면 하나의 전문성을 갖춘 문서를 주로 올리지만, 그렇다고 해서 전체 문서가 하나의 주제로 되어 있는 것은 아니다. 일상, 제품, 맛집 등의 리뷰와 정보 제공을 통해서 많은 이와 소통하며, 여전히 품질 좋은 블로그를 유지하고 있기 때문이다. 즉, 주제와 관련 없는 문서를 발행한다고 해서 저품질로 이어지는 게 아니다.

그런데 무엇 때문일까? 이번 답변의 핵심을 생각해보면 블로그 구매와 관련이 있다. 아이디를 사고파는 행위를 금지하고 있지만, 판매와 구매를 막을

길이 없다. 그래서 광고와 전혀 상관없이 하나의 주제를 주로 발행한 블로그가 한순간에 바뀌면 문제 될 수 있다. 즉, 본래 전문성을 갖추고 있던 분야가 아닌, '갑자기' 다른 주제의 홍보성 문서를 지속해서 발행하면 판매와 구매로 판단하여 악영향으로 이어지게 된다.

그렇다면, 블로그를 운영할 때 가장 효율적인 방법은 무엇일까? 기본적으로 1개의 주제가 아닌, 2개~4개의 주제로 블로그를 운영하는 것을 추천한다. 1개의 주제로 연재해도 지금은 주제와 연관이 있다면 문제가 없다. 오히려 전문성 살린 문서 발행은 씨랭크가 될 수 있다.

하지만 로직은 수시로 변화하기 때문에 언제나 대비가 필요하다. 그래서 '안전'을 생각한다면 하나의 주제만 갖고 전문성의 문서를 발행하고 끝이 아니다. 로직이 바뀌는 경우도 고려해야 한다. 갑자기 로직이 바뀌면 하루아침에 전부 저품질로 이어질 수 있기 때문이다. 따라서 블로그는 하나의 주제만 공략하기보단, 2~4개 정도의 폭넓은 주제로 운영하는 것을 추천한다.

2. 문서 발행 시 배경색과 같은 폰트 색 등의 어뷰징은 스팸 문서로 판독될까?

"물론이다. 에디터 HTML 코드에 많은 양의 키워드를 숨기거나 폰트를 1로 설정하는 등의 문서는 스팸으로 판독된다. 게다가 배경색과 같은 폰트 색으로 작성하며, 숨길 시 명백한 스팸 문서라고 할 수 있다."

스팸 문서란 무엇일까? 다양한 '~카더라' 소문이 많음으로 네이버 창에 '블로그 서비스 운영정책'을 검색하여 참고하면 자세히 나온다.

스팸 문서라고 판단되면 바로 저품질이 된다. 특히 병원처럼 블로그 저품질이 자주 나오는 업종은 '네이버 로직'에 민감할 수밖에 없다. 왜냐하면, 잘못된 운영은 한순간에 전부 우리 병원의 광고 글이 내려가기 때문이다. 이때 변화되는 것을 누가 먼저 찾고, 먼저 올리느냐에 따라서 차이가 생길 수 있다. 물론 누군가 한 명이 찾아 성공한다면 굳이 열심히 찾지 않아도 된다. 유심히 보면 알 수 있는 경우 힘들게 테스트를 하지 않아도 될 것이다. 그래서 누군가 성공했을 때까지 기다리는 것도 좋은 방법이라고 할 수 있다.

2019년까지만 해도 편법이 가능했었다.

하지만 지금은 어떨까? 에디터 2.0 기본에서 에디터 3.0으로 바뀌면서 HTML, 태그 사용을 네이버에서 막았다. 이후 편법은 어려워졌다.

다만, 폰트 색상을 바꾸거나 폰트를 줄이고 숨기는 방법, HTML 태그 수정이 아니더라도 편법은 존재한다.

예를 들면, 이미지가 막혔을 때 동영상으로 변환하는 방법, 동영상이 막힌다고 해도 또다시 새로운 방법을 찾는 건 그리 어렵지 않다. 게다가 스팸 문서로 한순간에 모든 문서가 누락되어도 저품질이 아니라면 걱정 없다.

문제는 매달, 매주, 매일 바뀌는 로직 때문에 편법은 위험하다는 점이다. 그리고 명심해야 하는 게 있다. 네이버는 언제나 '새로운 콘텐츠'를 원하고 있다는 점이다. 또 '일반 사용자처럼 운영하는 정석'을 좋아한다. 따라서 편법을 이용한 상위 노출보단, 정석을 통해 건강한 블로그 운영을 추천한다.

3. 씨랭크는 신뢰도를 평가하는 알고리즘일까?

"맞다. 씨랭크는 문서 자체보단 해당 문서의 출처인 블로그의 신뢰도를 평가한다. 다양한 부분을 고려하지만, 결국, 얼마나 사용자가 신뢰할 수 있는 블로그인지에 따라 달라진다."

2015년 10월~11월 이후부터일까? 최적화 블로그가 막히고, 씨랭크가 나왔다. 최적화 블로그 생성이 막히면서 견적이 높아진 것도 있지만, 씨랭크 로직이 생기면서 키워드별 단가는 더욱 비싸졌다. 일반 블로그, 최적화 블로그로 문서를 발행했을 때 상위에 잘 뜨지 않는 키워드 때문이다.

2018년 네이버에서 15주년을 기념하면서 블로거 500명을 초청한 적이 있었다. 앞서 동영상에 대한 예찬을 이야기했다면, 또 하나의 강조는 '검색엔진의 변화'이다.

검색엔진의 변화는 첫 번째 씨랭크, 두 번째 다이아로직이다. '전문성'과 '좋은 문서'를 설명하고 있는데, 간단하게 생각해보자.

5년, 6년 전만 해도 씨랭크 대신 파워 블로그와 리브라 블로그가 있었는데 이름만 바뀐 것으로 생각하면 된다. 즉, 이름만 바뀌었을 뿐, 네이버 자체의 큰 변화는 없다는 뜻이다.

게다가 네이버는 상위 노출을 목표로 하는 어뷰징에 민감할 뿐이다. 좋은 문서를 발행하는 순수 혈통의 진골 같은 블로그를 운영한다면 어떠한 제재도 하지 않는다. 그래서 좋은 문서를 꾸준하게 발행하며, 많은 사용자가 찾는 블로그는 씨랭크, 다이아로직 등 아무리 로직 변화가 일어나도 걱정 없다. 저자의 전문성과 인기도는 결국, 씨랭크, 다이아로직뿐만 아니라 로직이 바뀌어도 피할 수 있기 때문이다.

혹시 '본인이 전문적이지 못한 사람이라서 어렵다 싶은가?' 아니면, '꼭 하나의 분야로만 전문성 깊은 문서의 발행이 중요할까?' 이러한 생각을 거듭하면서 중간에 포기하는 경우가 많다.

그런데 지금 내가 하고자 하는 말은 씨랭크 블로그를 만들 때이다. 무조건한 개의 전문성만 두고 발행을 하지 않는 것이 중요하다.

'네이버 검색에 새롭게 적용된 D.I.A 랭킹'을 참고해보자. D.I.A 모델에 대한 설명이 있는데, 그중 하나를 살펴보려고 한다. '매일 문서를 발행하면 블로그 운영에 불이익을 받을까?' 아니다. 각각의 문서 자체의 품질만 보기 때문에 문서 작성이나 발행 주기는 관련이 없다. 다만, 미체험 후기는 알고리즘에 따라 순위를 밀어내는 과정에서 악영향을 준다고 오해할 수 있다. 결국, 사용자에게 많은 도움이 되고, 전문적인 정보를 담은 문서를 발행할 것을 권장하고 있다.

네이버는 언제나 새로운 콘텐츠를 강조하고 있다. 다른 포털 사이트에서 찾을 수 없는 정보, 우리 포털에서만 볼 수 있는 콘텐츠를 원하고 있다. 그게 사용자가 찾는 정보라고 생각하는 것이다.

그런데 하나의 전문적인 주제의 문서를 발행하는 게 씨랭크 블로그가 되는데 유리하다 싶었을까? 그래서 맛집만 매일 올리거나 뷰티 화장품, 여행, 제품 리뷰 등을 계속 발행할 수 있다.

병원이라면 어떨까? 문법 등 말투만 다를 뿐, 비슷한 내용, 똑같거나 비슷한 이미지, 키워드의 반복이었을 수도 있다.

그러나 전문성 없고, 새롭지 않은 콘텐츠의 반복은 저품질로 이어지는 지름길이다. 따라서 유사한 내용을 전문성이라고 생각한 채 반복적인 문서만 발행하기보단, 전문성이 없어도 새로운 콘텐츠 등의 꾸준한 문서 발행을 권장한다. 그리고 네이버의 검색시스템은 수시로 변화한다는 걸 명심하자.

4. 콘텐츠에 따라서 블로그 조회 수를 보장한다?

"아니다. 방문자, 조회수를 보장하지 않는다. 그래서 상위 노출된 키워드라도 '다른 블로그의 문서가 좋다'로 판단되면 자연스럽게 순위가 밀리면 본인의 블로그 조회 수는 떨어진다."

과거에는 어느 정도 보장됐다고 할 수 있다. 지금은 모바일 뷰(VIEW)로 바뀌었지만, 이전에 모바일 통합검색은 방문자 많고 품질 좋은 블로그가 좀 더 상위 노출에 유리했다. 물론 방문자가 많은 블로그가 트래픽을 많이 받았기 때문에 그만큼 검색 순위에 상위를 차지했던 것일 수도 있다.

하지만 지금은 다르다. 조회 수와 키워드 상위 노출이 비례하지 않아서이다. 이렇게 말하면 가장 먼저 떠오르는 건 리뷰이다. '당연히 조회 수많고, 방문자 많은 블로그가 좋지!'라고 생각할 수 있다. 근데 블로그는 조회 수와 방문자보단, 품질 지수가 높아야 한다.

또한, 씨랭크, 다이아 등 네이버 로직은 지속해서 변화하고 있다. 사용자가 많아서 안주했던 때와 다르다. SNS, 유튜브가 인기를 끌면서 사용자가 떠났기 때문이다. 이전까지만 해도 네이버는 기존 사용자에게 점수를 더 주고 순위를 보장했다. 지금은 어떨까? 새로운 사용자에게도 진입 장벽을 낮췄다. 그래서 진정성 있는 문서와 어뷰징 없는 문서처럼 노골적인 홍보가 아니라면 상위 노출은 어렵지 않다. 덕분에 더는 2015년의 블로그 타령을 하거나 2015년 6월 이전의 블로그만 찾지 않아도 된다. 새로 생성되었다고 해도 어느 정도 품질 지수가 쌓이고 좋은 문서라고 판단되면 상위 노출이 가능하다. 따라서 더는 포기할 필요 없다. 꾸준하게 문서를 발행하다 보면 품질 지수가 쌓여 원하는 순위도 기대할 수 있기 때문이다.

5. 갑자기 낮아진 블로그 조회 수와 방문자, 벗어날 방법은?

"C-RANK 로직의 변화는 주기적인 계산과 신뢰도이다. 그래서 좋은 콘텐츠 발행과 꾸준한 블로그 운영은 자연스레 C-RANK가 올라가며 검색 순위에도 좋은 영향을 준다."

블로그 이름은 다양하다. 최적화 · 씨랭크 블로그, 지금은 사라진 파워 블로그 등이다. 이러한 블로그는 일반 블로그보다 상위 노출에 유리하다고 생각하기 마련이다.

그런데 아무리 품질 지수 높은 블로그라고 해도 한순간의 실수, 로직 변화 등에 무너질 수 있다. 문서가 전부 누락되거나 최신순에서만 찾을 수 있기 때문이다. 이렇게 망가지면 버려야 할지, 무시하고 꾸준하게 문서를 발행하는 게 좋을지를 대부분 고민한다. 그동안 열심히 운영한 블로그를 버리기에는 아깝고, 그냥 두자니 언제 다시 돌아올지 알 수가 없기 때문이다.

첫 번째는 꾸준한 관리가 답이 될 수 있다. 다만, 버리기 아까울 정도로 콘텐츠가 가득한 경우이다.

"두들기면 문이 열릴 것이다."

라는 말처럼 꾸준함을 갖고 문서를 발행하다 보면 노력 때문에라도 원래대로 돌아올 수 있다.

그런데 이 경우에는 꾸준한 노력과 열정, 기다림이 필요하다. 만약 오랫동안 기다릴 여유가 없다면 과감하게 버리는 것을 추천한다. 그리고 새로 블로그를 시작하는 것이다.

이때 새롭게 시작한다고 해도 문제가 생길 수 있다. 기존에 운영하던 블로그의 문서가 아깝다 싶었을까? 그래서 기존 블로그에 있는 문서를 옮기는 경우이다. 기존 문서 그대로 새로 시작한 블로그에 옮기면 유사 문서로 전부 누락되고, 블로그에 좋지 않은 영향을 주기 때문에 추천하지 않는다.

하지만 한 가지 방법은 있다. 기존 글을 삭제하는 것이다. 삭제하지 않은 채 옮기면 네이버 데이터베이스 안에 똑같은 문서 2개가 쌓여서 유사 문서로 이어진다. 토씨 하나 다르지 않고 이미지도 똑같이 하는 등 기존 블로그에 있는 문서를 가져오면 무조건 유사 문서로 판독된다. 그렇지만, 삭제 후라면 달라진다. 새로 시작하는 블로그에 문서를 옮겨도 이전 블로그의 문서를 삭제하면 1개의 문서가 되기 때문이다. 혹시 이전 블로그의 문서를 꼭 가져오고 싶었을까? 이 경우 기존 문서를 삭제해야 한다. 이후 제목을 전체 검색해도 웹 문서, 블로그, 동영상, 이미지 등 어디에서도 보이지 않을 때 발행해야 유사 문서로 이어지지 않는다.

네이버 통합검색 매뉴얼

네이버에서 통합검색 노출에 대해서 한 번 더 정리한 적이 있다.

통합검색에서 VIEW, 블로그, 카페, 포스트 검색 노출과 관련하여 많은 문의가 접수되고 있다며, 상세 답변을 공유한 것이다.

핵심은 '검색 알고리즘의 본질적인 특성'을 이해하는 게 중요하다. 그래서 검색 알고리즘에 특성을 설명했다. 십 분 전까지만 해도 상위에 있던 소중한 문서가 사라졌을 때, 당황스러움이 클 수밖에 없다. 네이버 고객센터 문의에서도 가장 많이 등장하는 단어가 '갑자기'라고 하는 것도 같은 이유 때문이다.

네이버는 다양한 품질 요소와 로직이 복잡하지만 한 치의 오차도 없이 정연하게 돌아가고 있다. 매일, 매시, 매분, 매초 자동 업데이트를 하고 있다. 게다가 알고리즘은 상위 노출 개념과 다르다. 결국, 검색 상위 노출 결과의 영역은 매우 한정적이고, 인기 있는 특정 키워드의 경우 상상을 초월할 정도로 경쟁이 매우 심하다는 점이다.

그중 검색 알고리즘 특성에 대한 질문, 답변을 살펴보려고 한다.

"갑자기 상위에 노출되지 않는 내 글, 문제가 무엇일까요?"

직접 체험하는 경험, 의견, 리뷰를 우대하고 있다. 근데 검색 사용자가 오해할 수 있는 문서 발행 때문에 특정 페널티가 쌓이는 것이다. 결국, 업체로부터 받은 물품, 서비스, 금전적 지원 등을 명확하게 표기하지 않는 경우, 많은 양의 대가성 리뷰 등 상업성이 심한 블로그는 다른 문서를 발행할 때에도 영향을 준다.

네이버는 업데이트 과정에서 하루에도 수없이 많은 블로그가 저품질로 이어진다. 최신순에만 보이거나 웹 문서에만 찾을 수 있을 뿐, 제목 전체를 검색해도 본인의 문서를 정확도에서는 찾기 어렵기만 하다. 1페이지에 있던 문서가 아예 사라졌거나 80페이지~90페이지까지 봐야만 겨우 찾을 수 있게 된 것이다. 그래서 순위가 좋았던 블로그라면 실망감도 크고, '갑자기 왜 사라졌을까?' 생각하며, 문서를 지우거나 수정하기도 한다. 이렇게 복구하기 위해서 아무리 큰 노력을 해도 하루아침에 사라진 문서가 다시 돌아오는 경우는 극히 드물다. 결국, 가장 중요한 건 진정성이다.

그런데 우리 병원 블로그를 살펴보자. 똑같은 사진, 비슷한 내용을 반복하며, 키워드만 바꾸지 않았을까? 새롭게 체험을 했다거나 다른 정보를 주는 것처럼 문서를 발행해도 유사한 내용이 반복인 경우가 많다. 이처럼 키워드만 바꿀 뿐, 반복적인 문서를 발행하면 페널티가 쌓여 순위에서 밀리거나 저품질로 이어지게 된다.

"갑자기 발행한 문서가 사라졌어요."

발행한 모든 문서를 네이버에서는 검색 상위 노출을 보장하지 않는다. 각각의 알고리즘의 맞는 콘텐츠를 자동 검색 상위 노출하고 있기 때문이다.

우리는 최적화, 씨랭크 블로그는 무적이라고 생각하고 있다. 아마도 '어떤 키워드라도 문제없이 상위에 띄울 수 있다' 싶기 때문이다.

그런데 이러한 블로그가 하루아침에 갑자기 사라졌을까? 오전까지 상위 노출된 문서가 오후에 갑자기 사라진 것이다. '분명 있었는데, 업데이트 과정에서 잠시 사라졌을까?'라고 믿고 싶었을지도 모른다. 그래서 F5를 수없이 누르며, 새로 고치고 업데이트되기만 기다리는 예도 있다.

하지만 어떤 키워드도 문제없이 상위 노출 가능한 블로그라도 제대로 운영하지 않으면 언제든 저품질 될 수 있다.

간혹 업데이트 과정에서 잠시 빠졌다가 다시 올라올 때도 있긴 하다. 심지어 3일 동안 사라졌다가 다시 올라오기도 한다. 이처럼 때에 따라서 다르지만, 아무리 품질 좋은 블로그라도 안심할 수는 없다. 반복적인 문서는 언제든 사라질 수 있기 때문이다. 따라서 진정성 있는 콘텐츠 발행이 무엇보다 중요하다.

제 3 장

병원 광고의 핵심, 블로그 마케팅

우리 병원을 많은 사람에게 알리는 효율적인 광고매체에는 무엇이 있을까? 다양한 광고매체가 있지만, 그중에서도 병원 광고하면 블로그이다. 누구나 할 수 있고, 홈페이지가 없을 때는 블로그로 키워드 광고도 가능하다. 또, 많은 정보와 진솔한 이야기를 전할 수 있고, 꾸준한 소통은 충성고객과 잠재된 의료소비자까지도 우리 병원의 FAN이 될 수 있다. 이처럼 쉽게 접근할 수 있는 장점 덕분에 블로그에 관심을 두는 것이다.

그런데 정말 '누구나' 할 수 있을 정도로 쉬울까? 우선 병원에서 직접 진행하려면 의료진이나 스텝이 해야 한다. 아니면, 블로그를 운영할 수 있는 직원을 뽑아야 하며, 이미지도 저작권에 걸리기 때문에 디자인할 수 있는 인력도 필요하다. 그래서 작은 병원 혹은 의원급은 대행업체의 맡기는 경우가 많다.

블로그 마케팅은 건바이건, 상위 노출, 브랜드 블로그가 대표적이며, 병원을 알리는 체험단, 기자단이 있다. 그중 블로그 마케팅이라고 하면 단연코 상위 노출에 가장 많은 관심을 두게 된다. 크게 1위~10위 보장, 1위~5위 보장, 건바이건, 월 보장, PC, 모바일 뷰 등으로 나뉘고 있다. 근데 처음 업체에 문의하고, 미팅하면 무슨 소리인가 싶기만 하다. 같은 키워드라도 업체마다 견적이 다르고 원고를 업체에서 쓰는 경우, 병원에서 직접 작성하는 예도 있기 때문이다.

이렇게 블로그 마케팅이라도 방식이 다른 만큼 우리병원의 특성, 진료과목에 따라서 효율적인 광고를 찾아야 한다. 블로그 상위 노출, 체험단은 뒷장에서 설명할 예정이라서 먼저 건바이건, 브랜드 블로그에 관해 이야기를 시작하려고 한다.

건바이건

건바이건은 '24시간 보장'이 핵심이다. 만약 블로그를 건바이건으로 진행할 예정이거나 진행 중이라면 24시간 보장을 기억해야 한다. 왜냐하면, 문서를 발행한 후 24시간 전에 내려가면 다시 요청해야 하기 때문이다. 보통 문서를 발행하고 업데이트되면 순위를 확인한다. 그리고 상위 노출이 되면 바로 스크린 캡처를 하고 상위노출 되었다고 할 것이다.

하지만 24시간 보장이라고 하더라도 24시간 동안 보장되지 않을 수 있다. 몇 시간 후에 내려가거나 누락, 신고로 인해 업데이트된 후에도 사라질 수 있기 때문이다. 그래서 업체만 순위를 확인하고 끝나서는 안 된다. 병원에서도 스크린 캡처를 하며, 확인해야 한다. 이때 인터넷 창만 하는 게 아니라 날짜와 시간 전부 나올 수 있도록 스크린 캡처를 하는 게 중요하다.

프로그램은 다양하지만, 가장 편리하게 사용했던 프로그램은 '픽픽'이다. '전체화면 캡처하기'를 누르면 굳이 설정하지 않아도 모니터 화면 전체가 캡처되기 때문이다. 날짜와 시간까지 전체적인 스크린 캡처가 가능하여 편리하게 사용할 수 있다. 이러한 프로그램을 통해서 업체만 스크린 캡처를 하고 끝이 아니다. 이제는 병원에서도 발행한 문서가 검색했을 때 상위노출 잘 되고 있는지를 확인해야 한다. 왜냐하면, 바쁘지 않은 업체에서는 확인 후 카운팅을 하지 않고 다시 발행해주겠지만, 그렇지 않은 경우가 종종 있어서이다.

건바이건의 광고 특성을 생각해보자. 월 보장이 아닌, 블로그 상위노출을 건바이건으로 진행하는 이유가 무엇일까? 경쟁이 낮은 키워드보단, 월 보장이 어렵고 경쟁이 치열한 키워드 때문이다. 따라서 경쟁 치열한 키워드의 순위가 온전히 24시간 동안 유지되고 있는지, 업체뿐만 아니라 병원도 함께 확인하는 것을 추천한다.

브랜드 블로그

브랜드 블로그는 '올바른 정보 제공과 FAN 늘리기'에 중점을 둬야 한다. 단순히 상위 노출만 신경 쓰면 될까? 문서를 발행하고 상위에 띄운 순간, 끝일까? 대부분의 병원 블로그는 키워드에 집중한다. 그래서 알맹이 없는 내용, 어디서든 볼 수 있는 영양가 없는 정보만 무수히 발행하는 경우가 많다. 상위 노출만 목표로 하기 때문이다. 이렇게 '상위 노출만 하면 됐지!' 싶지만, 반응은 어땠을까? 블로그 자체의 유입은 늘어날 수 있지만, 정작 병원까지 전환은 어렵기만 하다.

그렇다면, 브랜드 블로그는 무엇에 중점을 둬야 할까? 그저 상위 노출만 목표로 하며, 문서를 발행하면 될까? 아니다. 브랜드 블로그는 의료소비자가 필요로 하는 정보제공이 우선이다. 즉, 검색만 하면 어디서든 찾을 수 있는 정보는 의미 없다. 우리 병원에서만 찾을 수 있는 고급정보, 의료소비자의 궁금증을 해결하는 팁 등을 제공해야 한다.

그러나 이러한 정보제공 자체가 어려울 수 있다. 많은 양의 문서를 발행하면서 시간이 없는 경우, 의료인이 아니므로 전문성 갖춘 문서를 작성하기 어려운 경우 등 다양한 이유 때문이다. 그래서 검색만 하면 어디서든 찾을 수 있는 내용을 유사 문서 걸리지 않게 짜깁기를 하는 경우가 많다. '어쩔 수 없다' 싶었을까?

원장님과 업체, 광고 담당자가 정말 우리 병원의 매출을 생각한다면 블로그 유입에서 끝나서는 안 된다. 의료소비자, 잠재고객을 생각한 우리 병원만의 콘텐츠가 먼저이기 때문이다.

이때 가장 필요한 건 교육이다. 그동안 원장님은 의사, 스텝만 주기적인 교육이 필요하다고 생각했을지 모른다. 물론, 환자를 응대하고 원활한 상담을 위해서는 스텝들의 교육은 필수이다.

하지만 지금 하고자 하는 말은 의사와 스텝만 필요한 것일까? 라는 부분이다. 의사와 스텝만 교육이 필요한 건 아니다. 브랜드 블로그를 운영하는 직원, 우리 병원의 마케팅을 맡은 담당자, 업체까지도 주기적인 교육은 필요하다.

예전에 네트워크 한의원에 있었을 때이다. 원장님은 시간이 날 때마다 마케팅 직원들에게 수시로 교육을 해줬다. 한두 번의 교육으로 끝나지 않았기 때문일까? 처음에는 생소한 내용이었지만, 지속적인 교육은 질환, 치료법에 대해 이해를 할 수 있었다. 그래서일까? 질환, 치료에 대한 교육을 받았던 5년, 6년이 지난 지금까지도 내 기억에 전부 남아 있는 걸지도 모르겠다.

이렇게 주기적인 교육까지는 아니더라도 교육은 필요하다. 다른 병원에도 있는 내용, 똑같은 치료법 등 키워드만 바꾼 문서는 글을 작성한 사람만의 문제라고 할 수 없다. 따라서 우리 병원의 매출을 생각한다면 타깃층과 키워드를 고려한 정보가 필요하다. 우리 병원의 알찬 정보제공은 잠재된 의료소비자는 물론 꾸준한 소통으로 충성고객까지 FAN을 늘려야 하기 때문이다.

유익한 정보, 유쾌하거나 재미있는 콘텐츠를 주기적으로 업데이트하는 곳 중의 어린이 한의원이 있다. 소아한의원 중에 인지도가 꽤 높은 편인데, 콘텐츠도 매우 재미있다. 엄마들에게 인기 많은 드라마, 예능 프로그램을 패러디하기 때문이다. 유쾌하거나 공감을 부르는 카피와 퀄리티 높은 디자인, 유익한 정보는 계절, 유행 등 그때그때 상황에 따라 제작하고 있다. 문서를 발행할 때에도 제목이나 본문에 키워드를 욱여넣으며, 억지로 상위 노출하지 않는다. 기존 다른 병원의 콘텐츠와 달리, 거부감 없는 콘텐츠를 통해서 브랜드 인지도를 높이고 있다.

이처럼 브랜드 블로그는 상위 노출을 목표로 하는 것과 다르게 진행해야 한다. 처음부터 목표를 높게 잡거나 상위 노출만 생각한 콘텐츠는 오히려 우리 병원의 반감만 생길 뿐이다. 따라서 상위 노출로 방문자를 높이는 것에만 집중해서는 안 된다. 다른 병원과 차별화 없는 콘텐츠가 아닌, 우리 병원만의 전문성 있는 콘텐츠로 인지도를 높이는 데 집중해야 한다. 다른 병원과 별반 다르지 않은 차별화 없는 콘텐츠는 소비자의 관심을 끌지 못하기 때문이다.

우리 병원에서만 볼 수 있는 전문적인 정보 등을 제공하며, 인지도를 높이는 것에 관심을 두고 전략적인 마케팅이 브랜드 블로그 운영의 핵심이다.

블로그 상위 노출

'검색엔진을 고려한 효율성 높은 콘텐츠.'

블로그라고 하면 우리는 네이버 검색순위 즉, '상위 노출에 집착'한다. 게다가 대부분의 원장님은 '블로그 마케팅=상위 노출'이라고 생각하는 경우가 많다. 즉, 블로그 마케팅은 키워드 상관없이 '무조건 PC나 모바일 뷰 등 상위 노출이 기본이다.'라고 생각한다는 점이다. 물론 경쟁이 치열하지 않은 키워드라면 가능하다. 한 번 발행하면 꽤 오랫동안 상위노출이 되고, 발행 횟수도 적기 때문이다.

하지만 경쟁이 치열한 경우는 다르다. 순위 확인을 위한 지속적인 모니터링, 많은 원고, 블로그가 필요하기 때문이다. 그래서 경쟁이 치열한 키워드는 견적이 높고, PC와 모바일 따로 견적을 받는 것이다.

그런데 여기서 중요한 게 있다. 비싼 단가의 키워드를 상위 노출할 때 생각해보자. 메인 또는 지역 등 경쟁 치열한 키워드만 상위 노출되면 우리 병원의 매출이 거짓말처럼 정말 쑥쑥 올라가는지에 대한 부분이다. 경쟁 치열한 키워드가 검색 양이 많은 만큼 아무래도 상위에 있으면 많은 의료소비자 눈에 띄어서 매출이 오를 것으로 생각하기 쉽다.

현실은 어떨까? 우선 우리 병원의 콘텐츠를 봐도 그런 생각이 들 것인지 확인해보자. 그리고 정말 검색 양 많은 키워드가 효과적일지를 다시 한번 생각해보는 것이다. 만약 상위 노출하여 블로그 유입이 많을지라도 사용자가 10초도 되지 않아서 창을 닫거나 병원까지 전환이 많지 않았다면 그 정도로 콘텐츠가 부실했기 때문일 수 있다.

하지만 이러한 부분을 고려하지 않았을까? 그동안 우리 병원의 문서가 높은 순위에 있는 것만 확인하고 끝냈을 수 있다. 그래서 '상위에 띄운 게 이렇게 많은데, 왜 초진이 없는 것일까?' 싶기만 하다. 문제가 무엇일까? 우리 병원이 꼭 아니더라도 다른 병원의 블로그를 모니터링하면 대부분 비슷하다는 것을 볼 수 있다. 눈에 띄는 게 없거나 무엇을 알리려고 하는지 등 전달하고자 하는 메시지가 없기 때문이다.

오직 상위 노출만 관심을 둔 내용 없는 문서의 반복은 아니었을까? 결국, 이러한 콘텐츠는 아무리 상위에 띄웠다고 하더라도 의료소비자의 관심을 끌기 어렵다. 더욱이 비용 대비 광고 효과도 기대할 수조차 없다.

"블로그 상위 노출만 하면 효과 대박."

"블로그 상위 노출, 1위~5위 보장."

"우리만의 노하우는 1위~5위 문제없어요."

대행업체와 미팅을 할 때 한 번쯤 들어봤을까? 아니면, 업체를 선정하기 위해 홈페이지, 블로그 등을 찾아볼 때 자극적인 제목에 혹했을지 모른다. 많은 대행업체에서 블로그 상위 노출 PC 1위~5위 보장, 모바일 뷰 1위~3위 보장 등 자극적인 문구와 매출이 오른다는 말에 관심이 생길 수 있다. 또, 아직 광고를 시작하지 않았다면 우리 제안서를 봐 달라며, 병원 또는 원장님에게 연락하거나 메일을 보낼 때도 있다. 그래서 광고에 대해서 'ㄱ'자로 모르거나, 홍보에 대해서 'ㅎ'자도 모르는 원장님은 이러한 자극적인 문구에 더 혹하기 마련이다.

"내 의료시술이 얼마나 뛰어난데, 광고는 무슨……."

싶으면서도 한편으로 '우리 병원이 1위~5위 안에 없고, 광고를 제대로 진행하지 않아서 매출이 안 나오는 걸까?' 싶기 때문이다.

고민 끝에 광고업체와 미팅을 했을까? '미팅만 해보자' 싶었지만, 미팅할수록 고민은 커지기 마련이다. 어떤 매체가 좋을지부터 메인 키워드의 비중과 지역 키워드의 비중을 어느 정도 둬야 할까 싶어서이다. 또 월간 검색 양 높은 경쟁 치열한 키워드만 하면 될지, 경쟁 낮은 키워드도 같이 써야 할지 등 고민은 다양하다. 그래서 업체와 미팅을 하며, 추천하는 대로 광고 방향을 정하고 블로그 상위 노출을 진행하는 경우가 많다. 꽤 많은 광고비를 내고 1개월, 2개월이 지난 뒤 결과를 봤을 때, 흡족했을까? 매출이 올랐다면 상관없지만, 오히려 마이너스라면 어떨까?

당장 중단이 필요할까? 싶겠지만, 대행업체에서는 3개월~6개월 정도 해봐야 성과를 알 수 있다고 회유하며, 연장을 위해 노력할 것이다. 근데 광고 연장을 하는 이유가 정말 병원을 생각한 걸까? 아니면, 업체의 이익 때문이었을까? 생각해봐야 한다. 그리고 광고가 제대로 진행되고 있는지조차 알 수 없다면 중단하는 걸 추천한다.

'블로그 상위 노출만 하면 많은 소비자가 보고 찾아오겠지!' 싶었을까? 그래서 우리 병원도 예약이 끊임없을 것이라고 기대했을지 모른다.

그런데 광고를 집행하기 전과 후의 변화가 크게 느껴지지 않을 정도라면 어떨까? 아마도 광고가 잘못 진행된 것일 수 있다. 상위 노출 외에는 아무런 전략도 없었기 때문이다.

도대체 어떻게 해야 블로그 상위 노출 효과를 보며, 광고비 그 이상의 효율을 얻을 수 있을까? 또, 막상 상위 노출 1위를 해도 매출은 여전한데, 광고비를 증액해서 매체를 늘리면 될까? 싶은 궁금증과 답답함은 점점 더 커질 수 있다.

만약 마케팅을 잘 모르는 원장님이라면 블로그 상위 노출 1위에 집중하지 않았으면 좋겠다. 마케팅에 관한 기본지식과 블로그에 대한 기초, 키워드의 쓰임 등 광고의 방향성, 타깃층에 따른 콘텐츠 기획, 제작이 우선이 되어야 한다. 따라서 업체에 광고를 맡길 때 키워드만 추천받고 끝나서는 안 된다. 우리 병원의 진료과목에 따른 메인 키워드, 상권을 고려한 지역 키워드를 월간 검색 양만 보고 진행하기보단, 의료소비자의 니즈를 파악하는 게 필요하기 때문이다.

또한, 미팅할 때는 업체에서 이전에 진행한 블로그를 꼼꼼하게 살펴보는 것도 도움이 된다. 이미 광고를 진행 중이라면 우리 병원의 마케팅은 어떻게 하고 있는지 지금 당장 확인해보자.

혹시 그동안 검색해서 순위만 확인하지 않았을까? 아니면, 해당 문서를 클릭하더라도 제대로 살펴봤는지를 생각해보자. 대충 스크롤을 내리면서 훑어보기만 했을 뿐, 정독하지 않았을 수도 있다.

이런 예도 있다. 검색해보면, 상위 노출된 키워드는 경쟁병원보다 우리 병원이 훨씬 점유율이 높았을까? 근데 경쟁병원이 환자가 더 많고 매출도 나쁘지 않다는 소문을 들었다면 이유가 무엇일까? 이럴 때는 더욱 꼼꼼하게 살펴봐야 한다. 우리 병원에서 발행한 문서도 상위에 있는데, 문의가 없는 이유가 무엇인지를 알아야 한다. 왜냐하면, 블로그 상위 노출 보장은 키워드를 욱여넣어서 상위에 띄울 뿐, 정작 콘텐츠까지는 신경 쓰지 않았을 수도 있다. 시대를 거슬러 올라간 것만 같은 촌스럽거나 가독성 떨어지는 이미지는 아니었을까? 어쩌면 키워드, 제목과 전혀 상관없는 문서 등 유익하지 않은 콘텐츠가 문제였을지도 모른다. 이는 키워드 상위 노출만 신경 썼을 뿐, 콘텐츠는 전혀 고려하지 않은 것이다. 그래서 우리 병원의 문서가 높은 순위에 있어도 매출에는 아무런 도움이 되지 않았을 수 있다. 결국, 중요한 건 상위 노출이 아니다. 콘텐츠 이후에 상위 노출이다. 콘텐츠가 탄탄하지 못하다면 아무리 상위에 있어도 흥미를 끌 수 없기 때문이다.

그런데 우리 병원의 문서를 상위에 띄우는 건 수월할까? 검색엔진을 고려하는 게 중요하다. '블로그 로직'은 뒷장에서 다시 설명하겠지만, 상위 노출의 핵심은 로직 즉, '네이버 검색엔진'을 알아야 한다. 진정성 있고 양질의 정보를 담은 콘텐츠라면 상위에 올라갈 수 있다고 해도 현실은 다르다. 그래서 '우리만의 노하우이다.'라고 말하는 것인데, 생각보다 어렵지 않다. 최근 네이버는 누구에게나 기회를 주고 있다. 그 결과, 많은 노하우가 아니더라도 상위에 띄우는 건 가능하다.

만약 열정 가득 담아 문서를 발행해도 상위에 오르지 않는 경우 어떻게 하는 게 좋을까? 기본이 중요하다. 키워드를 하나도 넣지 않거나 무작위로 많이 넣으라는 게 아니다. 규칙은 없다.

다만, 네이버가 좋아하는 문서는 있다.

또한, 블로그는 전부 똑같지 않다. 품질 지수가 다르다. 그래서 규칙만 보고 따라 하는 건 별다른 도움이 되지 않는다. 결국, 방법을 아는 게 중요한데, 로직 보는 법은 뒷장에서 설명할 예정이다.

상위 노출보다 탄탄한 기획과 제작이 먼저이다. 퀄리티 놓은 문서에 집중하고 난 후에 상위 노출을 신경 써야 한다.

게다가 지금은 이미지와 동영상이다. 단순한 텍스트 방식이 아닌, 이미지, 영상을 부각하는 광고가 필요하다. 그동안 인테리어, 원장님 사진 이벤트, 치료 사진 등의 반복이었을까? 아니면, 어느 병원에서나 사용하는 똑같은 모델 사진 등 특별함 없는 콘텐츠의 반복이었을 수도 있다. 이처럼 내용 없는 콘텐츠의 반복이 아닌, 초진을 늘리고 매출을 올리려면 지금부터라도 상위노출 전 우리 병원만의 콘텐츠 제작부터 시작하자.

최적화 씨랭크 블로그

최적화 블로그

'일반 블로그와 다른 최적화.'

블로그마다 품질 지수가 있다. 블로그 자체의 점수라고 생각하면 쉽다. 처음 0점에서 시작하여 10점, 20점, 30점……. 100점이 될 때까지 점수를 쌓는 것이다. 100점을 쌓아야 하는 이유는 최적화를 위해서인데, 원하는 키워드를 상위 노출하는 데 효율적이기 때문이다.

일반적으로 광고가 목적이 아니거나 대표, 메인 키워드를 쓰는 경우가 아니라면 80점, 90점 정도의 블로그도 충분하다.

그런데 왜 우리는 최적화 블로그에 집중하는 것일까? 크게 두 가지를 생각해볼 수 있다. 첫 번째는 병원에 상주하고 있는 직원, 광고업체에서 매번 최적화 블로그를 언급했기 때문이다. 최적화 블로그에 대한 개념이 없었지만, 자주 언급되면서 '일반 블로그보다 더 좋은 거겠지'라고 지레짐작하는 것이다. 두 번째는 경쟁 치열한 키워드를 띄우기 위해서 꼭 필요하다고 생각한 경우이다.

그렇다면, 최적화 블로그의 기준은 무엇일까? 키워드 경쟁에 상관없이 상위노출이 가능한 것일까? 아니면, 일일 방문자가 1,000명 이상이면 될까? 최적화 블로그의 정의는 제각각 다를 수 있다. 각자의 생각, 경험에 따라 판단하기 때문이다.

네이버 지식 백과에서 정의한 최적화 블로그란 '검색 엔진 최적화이다. 검색 엔진의 트래픽 검색 순위를 올리려는 방법으로 매일 바뀌기 때문에 블로그 검색 엔진과 RDF 사이트 개요(RSS) 수집기를 이용하여 블로그 핑(Ping)을 수행함으로써 방문자 수를 증가시키고 검색 순위도 향상한다.'라고 설명했다. 이렇게 정의한 내용만 보면 '방문자가 곧 최적화를 나타내는 지표'라고 생각할 수 있다. 아마도 유효 키워드가 상위에 많이 떠 있는 경우 그렇지 못한 블로그보다 품질 좋고, 일일 방문자도 높아서 좋은 블로그라고 판단하는 것이다.

과연, 그게 전부일까? 아니면, 근거 없는 '~카더라' 속설을 믿었을 수도 있다. 2015년 6월 이전 블로그만 최적화라고 기준을 만든 경우이다. 몇 년 전만 해도 최적화 블로그를 만드는 건 어렵지 않았다. 공식이 있었기 때문이다. 여러 가지를 고려해야겠지만, 깨끗한 아이피, 기간, 문서 발행 개수, 이웃 관리 등 공식에 맞춰서 관리하면 최적화 블로그가 나왔다. 그래서 블로그 공장이라는 말이 있을 정도였고, 그때는 공급과 수요가 적절했던 만큼 비용도 비싸지 않았다.

하지만 2015년 10월~11월쯤부터 최적화 블로그 공식은 깨졌다. 그동안 쏟아져 나온 최적화가 끊긴 것이다. 그 탓에 최적화는 부르는 게 값이 될 정도가 되었지만, 공급이 없는 지금은 없어서 팔지 못하고 사지 못하는 상태가 되었다. 이렇게 천정부지로 솟구친 최적화이지만, 왜 필요로 하는 것일까? 핵심은 경쟁 치열한 키워드를 상위 노출하기 위해서이다.

그런데 최적화 블로그만 있으면 될까? 원하는 키워드를 모두 상위 노출 시킬 수 있을까? 일반 블로그보다 확실히 높은 순위에 띄울 수 있고, 순위 변동이 상대적으로 적은 장점이 있다.

다만, 모든 키워드에 적용되지 않는다는 점이다. 씨랭크, 다이아로직이 나오면서 변화가 생겼기 때문이다.

씨랭크 블로그

'신뢰도와 인기도를 반영하지.'

네이버에서 경쟁 치열한 키워드를 상위 노출할 수 있는 블로그는 최적화뿐일까? 아니다. 그래서 잘못된 개념을 바로 잡고, 어떻게 접근하는 것이 옳은지 씨랭크(C-RANK)에 대해 설명하려고 한다.

씨랭크 블로그보다 먼저 검색엔진, 로직을 알아야 한다. 네이버 검색 로직은 '시스템의 모든 문서 내용을 검색, 좋은 문서와 나쁜 문서의 판단을 구분하기 어렵다. 그래서 다양한 정보와 유형 등을 통해 사용자가 찾고자 하는 문서의 표본을 만든 것'이라고 생각하면 된다.

그렇다면, 씨랭크는 무엇일까? 블로그 자체의 신뢰도를 평가한다. 주제에 따른 품질이나 콘텐츠의 연관성 등을 파악하는 것이다. 즉, 씨랭크는 특정 주제에 얼마나 깊이 있는 전문적인 콘텐츠를 발행하는지에 대한 부분을 고려하고 있다.

그래서 '의무적으로 매일 발행하는 일상 글, 의미 없는 문서보다 전문성 있는 1개의 문서가 블로그 검색 결과에 더 좋다.'고 설명한 적이 있다. 특정 분야에 전문적인 문서를 발행하는 블로그가 그렇지 않은 블로그에 비해 검색 사용자가 선호한다는 통계에 따라 좋은 문서 패턴에 맞춰서 정확도를 높이는 게 씨랭크 알고리즘이다.

자세한 내용은 검색을 통해서 '주제별 출처의 신뢰도와 인기도를 반영하는 C-RANK 알고리즘'을 참고하면 된다. 발행된 많은 문서의 주제 중 특정 주제에 대한 집중도에 따라서 씨랭크 반영 비중을 판단하고 있다. 그래서 다양한 주제의 문서보다 특정 주제로 된 문서가 많을수록 검색 상위 노출에 더 유리하다. 이게 씨랭크이다.

씨랭크 로직이 나오기 전까지만 해도 분명 최적화 블로그는 무적이었다. 최적화만 있으면 어떤 키워드라도 문제없이 상위 노출이 가능했기 때문이다.

그러나 씨랭크 로직이 나오면서 바뀌었다. 키워드에 따라서 아무리 최적화 블로그로 문서를 발행해도 역부족이 된 것이다. '다른 병원 블로그는 다 상위에 있는데, 왜 유독 우리 병원의 블로그만 상위에 올라가지 않을까?' 싶거나, '네이버에서 우리 병원은 여기까지만이야!'라고 정해준 것으로 생각했을지 모른다. 이전까지 상위노출 가능한 블로그였지만, 어느 순간 아무리 문서를 발행해도 상위에 오르지 않아서이다.

이유가 무엇일까? 일반 블로그 또는 최적화 블로그로 문서를 발행해도 되는 키워드도 있지만, 씨랭크 블로그로만 상위 노출할 수 있는 키워드가 생겨났기 때문이다.

먼저 최적화 블로그로 발행했을 때 왜 상위 노출이 안 되는지를 알아보기 전에 '일반 키워드'와 '씨랭크 키워드'를 구분하는 방법부터 살펴보자. 예를 들어서 '강남임플란트'이다. 먼저 '강남임플란트' 그리고 '강남임플란트.'(키워드

뒤에 마침표를 찍어서) 검색해보는 것이다. 만약 '강남임플란트'를 검색했을 때와 '강남임플란트.'를 검색했을 때, 차이를 발견했다면 성공이다. 두 가지를 검색했을 때의 바뀐 차이점을 확인할 수 있는데 '.'을 찍었을 때와 '.'을 찍지 않았을 때의 키워드 차이가 씨랭크 키워드이다.

하나 더 해보자. 피부 관리이다. '피부관리'를 검색했을 때와 '피부관리.'를 검색했을 때의 차이를 확인하면 된다.

일반적인 키워드는 마침표를 찍거나 찍지 않거나 순위 변동이 없다. 이렇게 순위변동 없는 키워드는 일반 블로그나 최적화 블로그로 문서를 발행해도 상위 노출이 가능하다.

하지만 씨랭크 키워드는 다르다. 마침표를 찍지 않았을 때는 1페이지 10위 안에도 없었는데 마침표를 찍고 검색했을 때에는 1페이지 1위에 상위 노출된 문서도 볼 수 있다.

왜 다르게 보이는 걸까? 블로그 자체의 품질 지수는 좋지만, 신뢰도와 인기도를 반영하는 씨랭크 알고리즘에 맞지 않았기 때문이다. 그래서 100점짜리 외에도 120점짜리 블로그가 필요한 이유이다.

또한, 씨랭크 로직과 같이 나온 다이아가 있다. D.I.A는 쉽게 설명하면, 여러 가지 요인이 복합적으로 반영된 것을 의미한다. 문서의 주제, 경험이나 정보 등에 대한 복합적인 요인을 판단하여 좋은 문서의 기준을 만든 것이다.

씨랭크 블로그도 어려운데, 다이아로직(좋은 문서)이라니? 그리고 좋은 문서로 판독되어야 상위노출이 가능하다고 하면 복잡하기만 하다. 어떻게 해야 상위노출에 유리할까? 싶은 의문점만 커지기 마련이다.

6년, 7년 전만 해도 씨랭크 대신 파워 블로그, 리브라 블로그가 있었다. 쉽게 말하자면, 이름만 바꿨을 뿐 네이버 자체의 로직 변화는 없다고 할 수 있다. 파워 블로그는 육아, 요리, 뷰티, 패션 등 한 가지 주제의 전문가이다. 그런데 처음부터 전문가는 아니었다. 알고 있는 정보를 공유하며, 꾸준한 문서발행과 이웃과의 소통이 네이버에서 파워블로그의 명예를 준 것이다. 또, 맛집, 펜션, 부동산 등 특정 키워드는 일반 블로그나 최적화로 진입이 어려운데, 이 분야에 특화되어 상위 노출할 수 있는 블로그를 리브라라고 할 수 있다. 즉, 전문성을 갖춘 파워 블로그, 리브라 블로그를 대신한 블로그를 씨랭크라고 이해하면 쉽다.

과거 네이버는 신규 사용자보단, 기존 사용자에게 많은 혜택을 주었다. 신규 사용자는 상위에 대표 키워드는커녕 세부 키워드를 상위 노출하기 위해서는 많은 시간이 필요했다.

그런데 이제는 씨랭크(전문성)가 높지 않아도 다이아로직, 좋은 문서라면 상위 노출이 가능해졌다. 즉, 신규 블로그의 성장까지도 기대가 가능해진 것이다. 결국, 다이아로직은 '좋은 문서라면 상위노출 가능하다'라고 생각하면 된다.

마지막으로 최근에 최적화, 씨랭크 블로그 외에 새롭게 나온 블로그가 있다. 준 최적화이다. 누가 만든 말인지는 알 수 없다. 준 최적화 블로그가 원래부터 있었던 것은 아니기 때문이다. 다만, 좋은 콘텐츠를 통해 신규 사용자도 상위 노출 진입이 가능해지면서부터 등장한 블로그를 준 최적화라고 할 수 있다. 당장 최적화, 씨랭크 블로그가 없는 상황에서는 '꿩 대신 닭'이라고 생각하며, 많은 병원에서 사용하고 있다.

하지만 최적화나 씨랭크와 다르다. 그리고 '최적화, 씨랭크 블로그를 만들어야겠다.'는 생각을 하고 있을까? 그렇다면, 네이버 검색시스템은 수시로 변화하고 있다는 것을 잊지 말아야 한다. 이 자체가 전략적인 운영이 필요하기 때문이다.

블로그 지수 높이기

'100점, 그 이상을 위해 필요한 블로그 지수'

"네이버는 언제나 사용자가 만족할 수 있도록 검색 순위의 알고리즘을 개선, 발전시키고 있다."

'블로그 검색 결과에서 발행한 문서를 무조건 1위에 올릴 거야.' 싶어서 어뷰징(꼼수)을 원하고 있을까? 그렇다면, 블로그 품질 지수 높이는 방법은 의미 없을 수 있다. 공식처럼 설명할 방법이 있다면 소개하겠지만, 블로그는 공식이 없다. 보이지 않는 꼼수는 존재하지만 설명하는 순간, 로직은 또 변화될 것이다. 그래서 상세하게 적을 수 없음으로 강의나 책에서 강조하는 부분은 꾸준함이다. '꾸준히 하는 게 정말 도움이 될까?' 싶지만, 아무것도 하지 않고 발만 동동 구르면서 '난 언제 1위에 올리지?'라고 하염없이 기다리는 것보단 도움 될 수 있기 때문이다.

그런데 이렇게 매일 문서만 발행하면 될까? 어떤 내용을 써야 할지조차 모르는 경우 손 놓고 있거나 의미 없는 문서만 발행했을지 모른다.

반대로 이것저것 살펴보면서 알게 된 정보를 바탕으로 제목에 키워드를 잔뜩 넣어서 발행하기도 한다. 1위에 올라간 문서를 모니터링하면서 글자 수, 키워드 개수, 이미지 등을 넣기도 할 것이다. 방법이 나쁘다고 할 수 없지만, 블로그 품질 지수가 다른 경우 상위 노출은 생각보다 쉽지 않다. 그래서 초반에는 대부분 열정을 담아 블로그를 하지만, 시간이 지나도 발행한 문서가 상위 노출될 기미가 보이지 않는다면 차츰 흥미를 잃기 마련이다.

우선 본인이 발행한 문서를 상위 노출하기 위해서 가장 필요한 게 무엇일까? 좋은 콘텐츠도 있겠지만, 블로그 자체의 품질 지수가 높아야 한다.

'블로그 품질 지수가 뭐야?' 싶다면, 블로그를 피라미드라고 생각해보자. 피라미드 모형은 맨 밑에 층은 많지만, 꼭대기 층으로 올라갈수록 점점 줄어든다. 이러한 피라미드 구조처럼 초반에만 열심히 달리는 게 아닌, 꼭대기 층까지 올라가기 위한 노력이 필요하다. 그래서 처음 블로그를 시작할 때 대부분 꾸준함을 강조하는 것이다. 40점, 60점, 70점에서 멈추는 게 아니라 100점, 120점을 바라보며, 꾸준히 관리해야 품질 지수를 높이는 데 도움이 되기 때문이다.

게다가 리뷰 같은 개인 취미의 목적이 아닌, 병원 블로그라면 더욱 관리가 중요하다. 80점, 90점대의 블로그는 원하는 키워드를 전부 상위 노출할 수 없다. 그러므로 품질 지수를 높여서 100점, 120점짜리 블로그가 되어야 본인이 원하는 키워드를 상위 노출하는데 효율적인 결과를 기대할 수 있어서이다.

예컨대 수능 만점을 받은 친구들의 인터뷰를 생각해보자. 사교육도 받았다고 하는 예도 있지만, 대부분은 교과서 위주의 공부가 가장 중요했다고 이야기한다. 교과서 위주의 공부가 중요한 것은 무엇일까? 기초의 중요성이라고 할 수 있다. 또 아무리 교과서 위주의 공부만 했다고 하더라도 수능 만점을 위해서라면 그만큼의 노력이 필요하다. 단잠을 포기하며, 밤낮없이 공부에 매진하는 등 노력은 배신하지 않는다고 생각했을 것이다. 이렇게 차근차근히 했기 때문에 수능 만점이 가능했다고 인터뷰를 했을지 모르겠다.

또한, 영어를 배울 때를 생각해보자. 처음 영어를 시작하자마자 회화를 하는 건 불가능하다. 알파벳과 발음표기를 익히는 것부터 처음 시작한다. 이렇게 어느 정도 눈에 익으면 영어단어를 외우고, 문장의 구현을 위해 문법을 배운다. 이처럼 무엇을 시작할 때에는 순서가 있다. 처음부터 외국어를 완벽하게 구사할 수 없고, 단어를 모르면 뜻을 알 수 없기 때문이다.

블로그도 마찬가지다. 처음 블로그를 개설하면 어떨까? 바로 상위에 띄울 수 있을 것 같았을까? 근데 1페이지는커녕 최신순에서만 확인이 가능할 수 있었을지 모른다. 오히려 '100페이지까지 확인해봤지만, 왜 없을까?' 싶기만 하다. 그래서 처음 블로그를 할 때는 기초부터 단계가 필요하다. 즉, 블로그 품질지수를 높이는 게 중요하다.

네이버에서 아이디를 만들고 블로그를 개설한 후 정성 들여서 처음 문서를 발행하면 어떨까? '#첫글' 이라는 태그가 붙은 문서는 10분, 20분, 1시간, 2시간, 5시간……. 블로그 업데이트가 된다고 하더라도 발행한 문서는 당최 어디에 있는지 찾기 힘들다. '왜 없을까?'라는 생각을 하며, 수정해서 다시 발행하기도 한다. 어쩌면 공들여서 작성한 문서를 삭제하고 다시 발행할 때도 있다.

그런데 열정과 달리, 순위는 여전히 좋지 않아서 갸우뚱거렸던 경험이 있었을까? 이렇게 블로그를 처음 개설하면 아무리 열정을 담아서 문서를 발행해도 3일 또는 7일 동안에는 순위에서 찾을 수 없다. 키워드가 아닌, 제목 전체를 검색한다고 하더라도 정확도에서는 보이지 않는다. 왜냐하면, 3일에서 7일 동안에는 최신순에만 보일 뿐, 정확도에는 반영되지 않기 때문이다.

그리고 처음부터 100점짜리 블로그는 없다. 어떤 아이디로 시작해도 처음 시작은 0점이다. 따라서 포인트 쌓는 것처럼 차곡차곡 품질 지수를 쌓아 100점, 120점 블로그를 만들어야 한다.

1. 페이지뷰를 올려야 한다.
2. 일일 방문자가 높아야 한다.
3. 전체 게시물이 많아야 한다.
4. 이웃이 많고, 소통해야 한다.
5. 댓글, 공감, 스크랩이 많아야 한다.
6. 전문성을 키워야 한다.

품질 지수를 올리기 위해서 검색하거나 책을 참고할 때 자주 봤을 수 있다. 더불어 교과서처럼 강조하는 게 꾸준함이라고 했다. 어디서든 꾸준함을 강조했기 때문에 그것만 믿고 매일매일 문서를 발행했을까? 이웃과 지속해서 소통도 했지만, 막상 문서를 발행하면 생각과 달리 검색 순위에서는 늘 밀리고 있을 뿐이다. 이때 본인만의 개인적인 공간, 추억을 남기기 위해서 블로그를 운영한다면 기다려도 된다.

하지만 병원이라면 다르다. 우리 병원의 마케팅을 하기 위해서는 하루빨리 상위 노출되어야 하는데, 자꾸 순위에 밀리고 있다면 속상할 뿐이다. '도대체 문제가 무엇일까?'라고 생각하며, 블로그 차트에서 블로그 순위를 확인했을까? 그리고 점수를 높이려는 방법도 찾을 것이다.

먼저 블로그 품질 지수를 높이기 위해서는 키워드 전략이 필수다. 뒤에서 설명하겠지만, 빨리 유입을 늘리기 위한 목적을 갖고 치열한 경쟁의 검색 양 높은 키워드로 문서를 발행해서는 안 된다. 경쟁 대비 검색 양 높은 키워드를 추천한다. 경쟁이 치열하지 않은 키워드는 한번 문서를 발행해놓으면 오랫동안 상위 노출되어 있어서 어느 정도 유입이 보장된다. 따라서 유효 키워드 발굴이 중요하다.

또한, 병원 블로그라도 무조건 키워드만 나열하는 건 옳지 않다. 키워드의 나열, 본문 내용에 병원 자랑만 하는 게 아니라 소통도 필요하기 때문이다. 소비자가 우리 병원의 블로그를 즐겨찾기하고 지속해서 방문하며, 페이지뷰, 체류 시간이 늘어나기 위해서는 호기심을 자극하는 콘텐츠 제공이 가장 중요하다.

하지만 병원은 무조건 상위 노출만 생각하는 경우가 대부분이다. 그래서 품질 지수가 향상되기 전에 저품질로 이어지는 것이다. 따라서 저품질 되지 않고, 100점, 120점짜리 품질 좋은 블로그를 유지하기 위해서는 관리가 필요하다. 의미 없는 내용, 올리고자 하는 키워드만 나열하는 문서가 아닌, 유효 키워드를 발굴하며, 사용자의 니즈를 파악한 전문성 있는 콘텐츠를 제작하는 것부터 시작하자.

블로그 로직 보는 법

'정말 그들만의 노하우일까?'

누구나 하나쯤은 남들과 다른 노하우가 있을 수 있다. 같은 음식이라도 남들보다 맛있게 먹는 방법, 1등을 놓치지 않는 친구의 공부법, 똑같은 메뉴라도 줄 서 있는 맛집의 비법 등 각자 노하우가 있기 마련이다.

블로그도 마찬가지이다. A는 열심히 공들이면서 문서를 발행하지만, 상위 노출은커녕 3페이지, 5페이지, 7페이지로 늘 밀릴 뿐이다. 근데 B는 본인이 발행한 문서와 별반 달라 보이지 않는데 무조건 1위~10위 안에 안착하고 있다고 하자. 유심히 살펴봤지만, 특별한 차이가 없어 보이는데 왜 결과가 다를까? '상위 노출이 잘 되는 블로그에는 다른 노하우가 있는 걸까?' 싶기만 하다.

결론부터 말하자면 노하우도 있지만, 가장 핵심은 수시로 바뀌는 로직의 문제이다. 즉, 로직을 파악하는 사람과 파악하지 못하는 사람의 차이라고 할 수 있다.

상위 노출된 문서의 순위가 갑자기 달라질 때를 생각해보자. 문서를 발행하고 업데이트 후에 순위를 확인했을 때까지만 해도 본인의 문서가 있었을까? 근데 한두 시간 후 다시 검색했을 때 결과가 달라지는 경우가 있다. 분명 발행한 문서가 상위 노출된 걸 확인했었는데, 갑자기 사라졌기 때문이다.

반대로 문서발행 후 업데이트되기만 한참 기다리는 예도 있다. 문서를 발행한 후 아무리 기다려도 정확도에서는 보이지 않았을까? 최신순이나 웹 문서 영역에서만 찾을 수 있었을지 모른다. 이러한 상황을 겪으면 보통 '업데이트의 문제일까?', '롤백 현상일까?', '블로그의 문제일까?' 등의 고민이 시작된다. 그래서 처음에는 기다리는 경우가 많다. 한참 시간이 지난 후에 다시 검색했을 때는 어떨까? 본인과 비슷한 시간대에 발행한 사람들의 문서는 상위에 오르고 있지만, 본인의 문서만 여전히 누락된 상태라면 그때부터 걱정스럽기만 하다. '혹시 저품질이 된 걸까?' 싶기 때문이다. 다른 사람들의 문서는 여전히 잘 뜨고 있는데, '도대체 왜 내가 발행한 문서만 사라진 걸까?' 싶은 생각은 원망스럽기만 할 수 있다. 또, 발행한 문서를 보며, '다른 사람들은 바뀌어도 왜 괜찮지?' 싶은 궁금증이 커질 수 있다.

이렇게 변화가 일어날 때마다 로직 때문이라고 하는데 도대체 '로직'은 무엇일까? 그리고 '어차피 수시로 변화되는 로직은 알아도 바뀌면 끝이다' 싶기만 할까? 어렵게 생각할 수 있지만, 방법을 알면 의외로 간단하다.

예를 들면, 1등을 하는 데에는 이유가 있다. 줄을 설 정도로 긴 시간을 기다리는 음식점이 있고, 똑같은 음식이라도 사람이 하나도 없는 음식점이 있다. 또, 학교에서 똑같이 수업을 받아도 1등을 하는 친구의 공부법 등 모두 이유가 있다. 생각해보면, 성공한 사람들의 이야기를 담은 책이 인기를 끌고 있거나 공부의 신이 쓴 공부법이 인기를 끌었던 이유도 마찬가지 아닐까? 결국, 방법이 궁금했기 때문이다.

이렇듯, 키워드 상위 노출 1등에도 이유가 있다. 네이버가 가장 좋아하는 문서 및 원하는 로직에 맞춰서 발행하는 게 중요하다. 키워드와 내용, 이미지, 동영상 등을 적절하게 배치한 문서가 네이버 기준에서 좋은 문서라고 판단했기 때문이다. 따라서 로직을 볼 때 가장 중요한 핵심은 1위의 문서를 모니터링해야 한다. '왜 1위의 문서를 모니터링하는 게 중요할까?' 싶다면, 네이버가 1등을 시켜준 것에는 분명 이유가 있다는 것을 명심하자.

모니터링할 때는 단지 문서의 내용, 어떤 키워드가 들어갔는지, 이미지 개수, 동영상 개수 등 대략 훑어보고 끝나서는 안 된다. 모니터링의 핵심은 발행한 문서의 전체적인 부분을 고려하는 게 중요하기 때문이다.

1. 키워드

본인이 쓰고자 하는 키워드를 검색했을까? 1위에 문서를 보며, '유사하게 작성하면 되겠지!' 싶지만, 막상 따라 해도 상위 노출은 어렵기만 했을 수 있다. 분명 개수를 확인하고, 문서를 발행했지만 1위와 달리 순위에서 밀린 이유가 무엇일까? 단순히 본문 안의 들어간 개수만 확인하는 게 아니라 1위의 문서와 본인이 발행한 문서의 키워드 배치를 살펴봐야 한다.

예를 들면, '코필러'이다. 우리는 '코필러'를 검색해서 키워드가 몇 개 들어갔는지를 확인하고 창을 닫았을까? 아마 1위 문서를 열어서 Ctrl+F를 누르고,

'코필러' 개수만 확인하고 숫자에 맞춰서 문서를 작성했기 때문이다.

그런데 키워드를 볼 때 중요한 건 본문의 키워드 개수가 몇 개인지 확인하고 끝이 아니다. 제목과 본문의 키워드 나열을 살펴봐야 한다. 제목의 '코필러'를 전부 붙여서 썼는지, '코 필러'로 되어 있는지 확인하는 것이다. 또 본문에 '코필러', '코 필러' '필러'와 '코' 등 제각각 다르게 나열되었을 수 있다. 즉, 키워드는 '코필러'가 들어간 개수만 확인하고 끝이 아니라 어떻게 나열되었는지까지도 꼼꼼하게 확인해야 한다.

덧붙이자면, 키워드는 로직이 전부 다르다. 즉, 키워드에 따라 붙여쓰기가 필요한 경우, 띄어 써야 상위 노출되는 예가 있다. '코필러'처럼 붙여 쓰는 키워드가 있고, '코 필러'라고 띄어쓰기가 필요한 키워드 말이다. 이렇게 각각의 키워드는 로직이 전부 달라서 문서 발행 전, 꼼꼼한 모니터링을 해야 한다.

2. 제목

제목은 어떨까? 네이버는 두괄식이라서 키워드를 맨 왼쪽에만 쓰면 될까?

하지만 문서마다 차이가 있다. 그리고 제목은 앞서 설명한 키워드 외에도 '어절'이 중요하다.

몇 년 전까지만 해도 키워드 포함 2어절, 길게 써야 3어절 정도로 제목을 짧게 썼지만, 이제는 달라졌다. 키워드 포함 3어절은 거의 볼 수 없을 정도이다. 4어절, 5어절, 6어절 길게는 7어절 이상 등 제목이 길어졌다.

또한, 2어절, 3어절 정도의 제목을 만들던 시기에는 띄우고자 하는 키워드 외에 다른 세부 키워드를 제목에 같이 쓰면 정확도에서 밀리는 경우가 많았다.

그런데 최근에는 바뀌었다. 주력 키워드 외에 세부 키워드를 조합하여 제목을 만들어도 정확도에서 밀리지 않기 때문이다. 이러한 로직 변화는 다양한 키워드 조합이 가능한 만큼 많은 키워드를 모니터링하면 도움 될 것이다.

이 외에 정보성 문서라고 하더라도 제목은 리뷰처럼 되어있는 경우가 있다. 또 제목에 특수기호가 있는 경우 등 다양하므로 차근차근 살펴보는 게 좋다.

3. 글자 수

문서의 글자 수도 중요한 부분이다. 글자 수는 단어 수가 아닌, 글자의 개수다. 한 자, 한 자 글자 수가 몇 개인지를 파악해야 한다. 이때 글자 수는 띄어쓰기 포함, 띄어쓰기 불포함 등에 따라 확인이 필요하다. 띄어쓰기 포함 및 불포함, 문단 등에 따라서 달라지기 때문이다.

500자~800자 정도 문서를 작성해도 되었을 때, 1,000자~2,000자 기준, 5,000자~8,000자를 작성해야 했던 때 다시 1,000자~2,000자 내외 등 좋은 문서를 판단하는 글자 수의 기준은 바뀌고 있다. 글자 수가 많아야 할 때, 적어야 할 때 등 계속 변화가 일어나는 것이다. 또, 키워드에 따라 다르지만 어떤 키워드는 문서의 양을 짧게 써야 하고, 어떤 키워드는 문서의 양을 길게 써야 한다. 따라서 1위 문서의 글자 수도 꼼꼼하게 모니터링을 해보자.

4. 본문 내용

'글자 수, 키워드 개수 등을 맞춰서 작성하면 끝났겠지!' 싶을까?

하지만 좋은 문서는 본문 내용이 가장 중요하다. 왜냐하면, 좋은 문서의 상징은 새로운 콘텐츠에서부터 시작되기 때문이다.

모니터링 전에 먼저 본인이 발행한 문서부터 확인해보자. 기존문서와 새로 작성한 문서가 유사하지 않은지 말이다. 비슷한 내용이 반복되면 본인이 작성한 문서라고 해도 유사 문서로 판독되어서 누락으로 이어지기 때문이다.

그렇다면, 이제 모니터링할 때는 어떤 걸 확인해야 할까? 키워드 및 제목과 어울리는 문서인지, 키워드 및 제목과 전혀 상관없이 글자 수만 맞춘 문서인지 파악하는 것이다.

지금은 HTML을 막아놔서 태그가 적용되지 않지만, 이전에는 해외소설을 번역하여 숨기는 경우가 많았다. 또, 최근에는 줄어들었지만, 아직 키워드에 따라서 폰트 크기를 줄이거나 흰색으로 숨기는 등의 경우가 있는 만큼 내용 확인이 필요하다. 만약 드래그가 안 된다면, Ctrl+A로 전체 드래그로 확인하면 된다.

그리고 블로그에 병원 이름을 걸고, 문서를 발행하면 전부 정보성이라고 생각하기 마련이다.

하지만 과연 그럴까? 막상 문서를 보면 정보성이 아닐 때도 있다. 최근에 병원 블로그는 제목과 달리, 본문 내용은 리뷰처럼 작성된 경우가 많다. 정보성 같지만, 리뷰로 문서를 발행한 것인데 글 스타일에 따라서도 순위는 달라진다. 일반적으로 정보성 문서를 작성해도 상위 노출되는 키워드가 있지만, 종종 리뷰처럼 작성된 문서가 상위에 더 검색이 잘 되는 경우가 있기 때문이다.

만약 본인이 발행한 문서가 상위 노출되지 않거나 누락되고 있을까? 근데 다른 병원의 블로그는 멀쩡하기만 할까? 이렇게 누락 없이 상위 노출 잘 되는 블로그가 있다면 본문 내용도 꼼꼼한 모니터링이 필요하다.

5. 이미지

네이버는 본문 내용뿐만 아닌, 이미지도 유사 문서로 판독하고 있다.

병원 블로그를 몇 개 찾아보자. 대부분 똑같은 이미지, 비슷한 이미지를 반복하기 마련이다. 이렇게 같은 이미지가 반복되면 유사 문서로 판독되어 누락으로 이어진다. 그래서 유사 이미지를 피하고자 실사 사진을 사용하거나 새로운 이미지를 지속해서 제작하는 것이다. 또 기존의 이미지를 변환하는 방법도 있다.

그런데 검색해보면 같은 이미지를 반복해도 누락 없이 상위노출 된 다른 병원의 문서를 볼 수 있을 것이다. 이유가 무엇일까? 이번에는 이미지 모니터링이다. 먼저 상위 노출하고자 하는 키워드를 검색한다. 그리고 블로그 탭을 보는 것이다. 섬네일 밑에 작은 글씨로 +3, +4라고 되어 있을까? 이는 발행한 문서의 첨부 된 이미지, 동영상의 개수이다. 이러한 문서를 보면 아리송함이 생길 수 있다. 본문에 10장~20장 되는 이미지가 보였는데, 막상 첨부 파일은 섬네일을 포함해도 개수가 다르게 보여서이다. 왜 그럴까? 문서를 발행할 때 이미지를 첨부한 게 아니라 '복사, 붙여넣기' 했기 때문이다. 따라서 발행한 문서의 이미지를 확인할 때에는 본문 안의 이미지 개수가 아닌, 파일이 몇 개 첨부되었는지를 파악해야 한다.

6. 동영상

최근에는 본문 내용과 이미지뿐만 아니라 동영상도 유사 문서로 이어지고 있다. 반복되는 동영상 또한 유사 문서로 판독되어 누락되는 것이다. '이제 텍스트와 이미지도 모자라서 동영상까지 유사 문서로 판독된다니?!' 라고 생각하면 답답하기만 할 수 있다.

'다른 경쟁병원에서는 비슷하거나 똑같은 동영상을 쓰는 것처럼 보이는데……,' 싶기만 하다. 도대체 무슨 차이가 있을까? 싶지만, 유심히 살펴본다면 다른 점을 확인할 수 있을 것이다.

게다가 유튜브, 인스타그램 등의 사용자가 늘어나면서 네이버는 영상에 대한 부분을 지속해서 업데이트하며, 강조하고 있다는 것을 명심하자.

이제 다시 병원에서 발행한 문서를 확인해보자. 이전에는 의미 없는 이미지 1장 넣어서 3초~30초 남짓한 영상을 첨부한 경우가 대부분이었다. 근데 이렇게 의미 없는 영상을 첨부하면 지금은 무조건 유사 문서로 이어진다. 즉, 똑같거나 비슷한 이미지로 제작한 동영상은 유사 문서, 누락되므로 다른 병원에서는 어떤 형식의 영상을 제작하여 첨부하고 있는지 꼼꼼하게 살펴봐야 한다.

이처럼 평소 모니터링을 할 때는 보기만 해서는 아무 소용없다. 여러 군데 병원을 보면서 모니터링하는 것도 중요하지만, 더 중요한 건 다른 점, 차이를 이해하는 것이다. 특히 아무리 정답이 없다고 하더라도 우리 병원과 달리, 다른 병원은 문제없이 블로그 상위 노출이 되는 이유가 무엇일까? 차이가 있기 때문이다. 따라서 발행한 문서가 누락되지 않고 로직 변화가 일어나도 변함없는 블로그를 유지하기 위해서는 꾸준하게 모니터링해야 한다.

덧붙이자면, 하나의 팁을 소개하려고 한다. 평소 자주 쓰는 키워드 10개~20개 정도를 뽑아서 매일 같은 시간대에 스크린 캡처를 하는 방법이다. 전날 본인이 발행한 문서가 상위 노출 잘 되어 있는지를 순위만 확인하고 끝나는 게 아니다.

만약 키워드를 매일 검색하며, 순위 확인하고 있다면 스크린 캡처도 함께 해보자. 스크린 캡처가 어떤 도움이 될까? 평소에는 큰 도움이 되지 않을 수 있다. 업데이트되는 순위 외에는 큰 변화가 없어서이다.

하지만 점검하거나 롤백 현상, 갑자기 저품질이 쏟아져 나오는 등 평소와 달라졌을 때는 도움이 된다. 어떤 블로그가 떨어지고 저품질 되었는지, 로직 변화로 새롭게 상위 노출되었는지 등을 모니터링한다면 좀 더 빠른 대처가 가능하기 때문이다.

저품질 블로그 피하는 법

'갑자기 사라진 내 글, 이유가 뭘까?'

"매일 꾸준하게 포스팅을 해야 한다."

라는 이야기를 들으며, '내 블로그도 언젠간 상위 노출될 수 있겠지'라는 기대감이 있었을까? 당장은 힘들더라도 지수가 올라가면 '다른 블로그처럼 상위 노출되는 블로그가 될 수 있다' 싶었을 것이다. 그래서 꾸준하게 문서를 발행했을까? 처음에는 10페이지나 9페이지 언저리에서 보였던 문서가 드디어 1페이지에 올라갔을 수 있다. 그리고 초반에는 경쟁이 약한 키워드만 상위 노출이 되었는데, 어느 순간 경쟁이 치열한 키워드까지 상위에 띄울 수 있게 되었을까? 더욱 신나게 블로그를 운영할 정도로 평소와 다른 건 아무리 생각해도 없었을 수 있다.

그런데 갑자기 순위에서 밀렸다면 어떨까? 아니면, 기존의 문서가 전부 90 페이지 언저리쯤에서 보이거나 아예 100페이지까지 열정을 담아 확인해도 찾을 수 없었을지 모른다.

도대체 무슨 이유로 '갑자기' 이렇게 된 걸까? 분명 전날까지만 해도 멀쩡했거나 문서발행 직전에도 아무런 이상 증후가 없던 블로그였다. 근데 갑자기 발행한 문서가 사라졌거나 몇 시간 전만 해도 1페이지에 보였는데, 사라진 것이다. 게다가 이렇게 사라진 문서는 아무리 찾아봐도 좀처럼 찾기 힘들기만 하다.

'이게 이제껏 말로만 들었던 저품질 현상인가?'라는 생각이 들게 되었을 수 있다. 그래서 '저품질 블로그 극복하는 법', '저품질 블로그 피하는 법', '저품질 블로그 탈출', '블로그 저품질 탈출법' 등 방법을 찾아보기 시작했을까? 그동안 열심히 공들여서 발행한 문서, 애착을 가득 담은 블로그를 쉽사리 버릴 수 없기 때문이다.

병원이라면 어떨까? 저품질 된 블로그를 다시 복구하는 시간보다 새로 시작하는 게 더 빠르다고 판단하여 버리는 경우가 대부분이다.

그런데 블로그가 저품질 되었다는 걸 깨달았을 때, 무조건 버려야 할까? 아니다. 저품질이라고 해도 살릴 수 있는 블로그가 있고, 저품질이 되지 않게 예방할 수도 있다. 즉, 저품질이 쏟아져도 피할 방법은 있다.

이러한 이야기를 듣게 되면 '저품질 블로그 피하는 법은 따로 있는 걸까?' 싶을 것이다. 발행한 문서가 최신순에만 보이거나 웹 문서에만 보이는 경우, 검색하면 100페이지까지는 아니더라도 정확도에서 80페이지, 90페이지까지 봐야 겨우 찾을 수 있었기 때문이다. 그래서 저품질 블로그 탈출법을 찾아보며, 문제가 될 것 같은 문서를 삭제하거나 비공개로 돌렸을까?

하지만 이미 저품질이 된 후에는 '소 잃고 외양간 고친다.'라는 속담과 크게 다를 게 없다. 즉, 저품질이 되고 난 후 탈출을 위해서 노력하는 것이 아니라 평소 네이버가 싫어하는 행동을 하지 않아야 한다.

1. 같은 키워드로 도배하지 말아야 한다.

2. 똑같은 내용의 글을 반복하면 안 된다.

3. 이미지 변환 없는 같은 이미지를 반복하지 않아야 한다.

4. 본문에 키워드를 너무 많이 반복하면 안 된다.

5. 스크랩, 공감, 댓글 등 너무 과도하게 하면 안 된다.

6. 실시간 검색, 이슈, 인기 키워드를 반복하며, 방문자를 유입하지 않아야 한다.

7. 복사, 붙여넣기를 자주 하면 안 된다.

8. 작성 시간이 짧은 문서 발행을 반복하지 않아야 한다.

9. 네이버 외에 외부 링크를 자주 첨부하지 않아야 한다.

10. 하나의 IP로 여러 개의 블로그를 운영하면 안 된다.

11. 제재 이력이 있는 IP나 아이디를 사용하지 않아야 한다.

'저품질 블로그 탈출법'을 찾다 보면 흔히 볼 수 있는 내용이다. 맞는 것도 있고, 틀린 것도 있다.

하지만 '~카더라' 속설만 듣고 맹신하거나 안 된다는 이야기에 '할 수 있는 게 없네.'라고 생각했을 수 있다. 어쩌면 '하면 안 된다'가 전부라서 대수롭지 않게 넘기는 일도 있을 것이다. 그리고 발행한 문서가 저 멀리 뒤로 밀리거나 누락되는 등 저품질 현상이 나타나면 뒤늦게 후회하기 마련이다. 따라서 뒤늦

게 후회하고, 발만 동동 구르지 않기 위해서는 저품질로 이어지지 않게 관리해야 한다.

먼저 동일 키워드의 반복은 저품질로 이어진다고 강조하고 있다. 근데 씨랭크는 같은 분야의 전문성 있는 문서를 꾸준히 발행해야 좋다고 한다. 도대체 어떤 게 진짜일까? 그저 씨랭크 블로그를 만들기 위해서 동일 키워드를 반복했을 뿐인데, 막상 저품질이 되면 무엇이 잘못되었는지조차 모를 수도 있다.

핵심은 카테고리의 '전문성'과 '동일 키워드' 반복은 다르다는 점이다.

예를 들어서 성형 키워드를 생각해보자. 눈성형, 코성형, 이마성형, 안면윤곽, 가슴성형 등 성형이라고 해도 분야가 다르다. 만약 '눈성형'을 전문으로 하는 씨랭크 블로그를 만들어야겠다.'고 생각했을까? 그래서 눈 성형 키워드로 매일 문서를 발행했을 때, 씨랭크로 이어지면 다행이지만, 오히려 키워드가 반복되면 저품질이 될 수 있다. 즉, 같은 키워드의 반복이 문제가 된 것이다.

그렇다면, '눈성형' 관련 씨랭크 블로그를 만들기 위해서는 어떻게 해야 할까? '눈성형' 키워드의 반복이 아닌, '눈성형잘하는곳', '앞트임', '쌍꺼풀수술', '매몰법', '눈매교정' 등 다양한 키워드를 조합하는 것이다.

'코성형'의 경우도 마찬가지이다. '코성형'이나 '코성형잘하는곳', '코성형비용' 등의 키워드 반복이 아니다. '매부리코성형', '코수술', '코끝성형', '콧구멍성형', '코수술보형물', '코수술잘하는곳' 등 키워드의 다양성이다. 카테고리가 같다고 해도 같은 키워드는 반복하지 않아야 한다.

두 번째는 저품질로 누락되거나 밀린 경우를 생각해보자. 이때 문서를 삭제하거나 비공개로 돌리는 등 몇 가지 방법을 찾아 관리했을까? 이렇게 꾸준히 관리하면 다시 돌아올 것 같지만, 기대와 달리 여전하다면 대부분 포기할 수 있다.

만약에 시간이 많거나 열정이 있다면 버리지 않았으면 좋겠다. 블로그에 따라 다르지만, 100%까지는 아니더라도 70% 정도는 저품질도 극복할 수 있기 때문이다.

다만, 저품질 된 블로그를 관리할 때는 키워드 상위 노출을 바라며, 평소처럼 문서를 발행해서는 안 된다. 왜냐하면, 이미 점수가 깎인 블로그이기 때문이다. 처음 0점에서부터 시작이라고 생각하고 지수를 쌓는 것을 목표로 해야 한다. 즉, 경쟁 치열한 키워드 공략보단, 경쟁이 비교적 낮은 키워드, 이웃과 소통할 수 있는 콘텐츠가 더 중요하다는 점을 명심하자.

마지막으로 블로그를 운영하면서 간혹 착각하는 게 있다. '블로그 저품질'과 '검색누락'이다. 저품질과 검색누락은 다르다. '~카더라' 속설 중에는 문서 발행 후 누락이 계속되면 저품질로 이어질 확률이 높다고 하지만, 품질 지수 높은 블로그는 검색누락이 계속된다고 해서 무조건 저품질로 이어지는 건 아니기 때문이다.

그렇다면, 저품질과 다른 '검색 누락'은 무엇일까? 우리는 문서를 발행한 뒤에 업데이트될 시간이 되면 발행한 문서의 순위를 확인하기 마련이다. 순위 확인 후에 뿌듯했지만, 다시 확인했을 때 '저품질인가?'라는 의심이 생길 수 있다. '검색하고 몇 위에 있는지' 순위를 확인하게 되는데 2시간~3시간 후 한 번 더 순위를 확인했을 때 발행한 문서가 보이지 않아서이다. 상위 노출된 문서의 순위가 다른 문서가 업데이트되면서 뒤로 밀린 게 아니라 아예 사라졌기 때문이다.

반대의 경우도 있다. 문서를 발행하고 난 후 '업데이트가 너무 느려서 아직 반영이 안 된 걸까?'를 의심하게 될 때이다. 몇 시간이 지난 뒤에도 좀처럼 정확도 순위에 반영되지 않은 것이다. '업데이트가 언제 될까?' 생각하며, 하염

없이 기다렸을까? 아무리 기다려도 좀처럼 본인의 문서만 업데이트되지 않는 다면 '삭제하고, 다시 발행해야 할까?' 고민할 수 있다. 누락된 문서가 웹 문서, 최신순 기준에서만 찾을 수 있을 뿐, 정확도에서는 찾을 수 없기 때문이다.

몇 년 전만 하더라도 15분, 20분, 30분 정도 기다리면 정확도에서 보이지 않더라도 최신순에서는 발행한 글을 확인할 수 있었다. 근데 최근에는 검색반 영 시간이 느려지면서 1시간, 2시간 길게는 5시간이 지난 후에 검색반영이 되 기도 한다. 그래서 열정을 쏟은 문서가 업데이트 때문인지, 검색누락 때문인 지를 확인이 필요한 때가 있다. 먼저 본인이 발행한 문서가 검색누락인지, 네 이버 블로그 업데이트가 늦어진 것인지를 확인하는 방법은 간단하다. '빵', '1', '다' 등을 검색하여 최신순에서 확인하면 된다. 최신순에 업데이트된 문서의 시간과 본인이 발행한 문서의 시간을 비교하며, 업데이트 시간을 확인해 보는 방법이다.

또한, 동영상이나 이미지 탭을 확인하는 방법도 있다. 근데 이미지 탭을 눌 러서 그 많은 이미지를 하나하나 확인하기에는 너무 많아서 헷갈리기 마련이 다. 따라서 문서를 발행할 때에 동영상을 한 개정도 첨부해보자. 업데이트가 늦어지면서 문서가 보이지 않을 때, 동영상 탭에서 본인의 문서를 확인할 수 있다. 만약 동영상과 이미지 탭에서 찾아봤지만, 문서를 찾기 어렵다면 누락 을 의심해봐야 한다.

그런데 문서가 누락되었다면 어떻게 해야 할까? 네이버 블로그 검색반영을 요청하면 될까? 아니면, 새로 발행해야 할까? 고민하고 있을까? 이때 검색반 영 요청을 생각할 수 있지만 하면 안 된다.

특히 병원처럼 동일 키워드와 비슷한 콘텐츠를 반복하는 경우라면 더욱 추 천하지 않는다. 검색반영을 요청했다가 오히려 블로그 주소가 수집되면 혹여 잘못된 방식의 문서를 발행했을 때, 저품질로 이어질 수 있기 때문이다.

네이버 고객센터에 검색반영을 요청하기보단, 삭제 후 재발행을 추천한다. 재발행을 할 때, 간혹 수정하지 않고 문서 삭제 후에 바로 발행해도 운 좋게 뜨는 일도 있지만, 가장 안전한 방법으로 하자. 첫 번째는 이미 발행한 문서는 삭제하고, 새로 작성하는 것이다. 두 번째는 문서를 삭제하고 난 후에 삭제한 문서의 30%~50% 정도 수정한 뒤에 재발행하는 방법이다.

열정을 가득 담아 2시간 넘게 시간을 쏟으며, 발행한 문서가 누락되었을 때 '아깝다' 싶어서 삭제를 망설일 수 있다. 그래서 재발행보단 검색반영이 낫지 않을까? 싶을 것이다.

그러나 검색반영의 요청보단 재발행이다. 이때 24시간 지나지 않은 최신 문서의 재발행이 핵심이다. 혹시 24시간이 지난 뒤에는 어떨까? 이미 네이버 DB에 저장되고 난 후에는 저품질의 원인이 될 수 있다. 그래서 새로 다시 작성하는 게 안전하다.

좀 더 자세한 내용을 담고 싶지만, 책에 다 적으면 네이버가 금세 바꿔버린다고 했다. 그래서 자세히 적을 수가 없다.

다만, 저품질에는 분명 이유가 있다. 블로그만 새로 바꾼다고 해서 끝이 아니다. 기존의 방식과 별반 다르지 않은 같은 방법의 운영은 또다시 저품질로 이어질 수 있다. 그러므로 평소와 다른 방법, 다른 콘텐츠는 물론, 네이버가 싫어하는 행동을 삼가야 한다.

제 4 장

잠재고객을 불러 모으는 키워드 전략

'소비자 행동 패턴을 맞춘 광고'

병원 마케팅에서 키워드는 단연코 빠질 수 없다. 우리 병원 광고의 방향성, 타깃층 분석은 콘텐츠뿐만 아니라 키워드 전략도 중요하기 때문이다. 그래서 한 달 동안 PC와 모바일을 기준으로 사람들이 어떤 키워드를 얼마나 검색했는지 등을 파악하여 전략을 짜는 게 핵심이다.

그런데 키워드 전략을 세울 때, 그동안 검색 양에만 집중했던 건 아닐까? '검색 양이 높은 키워드가 인기 있는 키워드겠지'라며, '단연코 놓칠 수 없다' 싶었을 수도 있다. 물론 대표, 메인 키워드는 빼놓을 수 없지만, 혹시 대표 및 메인 키워드만 집중하진 않았을까? 지역을 고려하지 않는 대표, 메인 키워드, 랜드 마크 위주의 지역 키워드만 신경 쓴 건 아닌지를 생각해보자. 왜냐하면, 유효 키워드를 이해하지 못한 원장님은 '당연히 검색 양 많은 키워드가 가장 좋겠지' 싶기 때문이다.

키워드에도 전략이 필요하다. 업체에서 추천하거나 원장님이 선택한 대표, 메인, 지역 키워드 등 검색 양 높은 키워드만 집중해서는 안 된다. 의료소비자, 잠재고객을 고려해야 한다. 단순히 질환이 궁금한 사람, 치료가 필요한 사람 등 검색하는 이유는 다양하기 때문이다. 또, 경쟁이 치열하고 검색 양이 많은 키워드라도 전환이 높지 않을 수도 있다. 따라서 '타깃층'을 고려하여 전환 높은 키워드 선별이 필요하다.

만약 경쟁이 치열하더라도 검색 양 높은 키워드라면 그만큼 전환도 많지 않을까? 싶지만, 아니다. 일반 소비자가 검색하는 키워드와 원장님이 선택한 키워드의 효율성이 다를 수 있기 때문이다.

예를 들어서 홍대 맛집을 찾을 때 꼭 '홍대 맛집'만 검색할까? 어떤 음식점이 있는지를 찾거나 삼겹살, 파스타, 스테이크 등 세부 키워드를 검색할 때도 있다. 게다가 요즘에는 '내 돈 내산'이라는 말을 많이 쓴다. 실제로 돈을 낸 사람, 체험을 한 사람 등 다양하겠지만, 그나마 실제 경험한 사람들의 후기를 원하는 소비자 니즈에 맞춘 광고라서 믿을 수 있다고 생각하는 것이다. 즉, '홍대 맛집' 키워드가 가장 검색 양이 높아서 집중할 수 있지만, 소비자는 검색만 했을 뿐, 전환까지 이어지지 않을 때도 있다.

병원이라면 어떨까? 몇 가지 예시를 들어보려고 한다.

1. 인천에 있는 치아교정 치과

인천에 있는 치과를 예로 들어보자. 인천 키워드 외에 수원, 인계동 등 다른 지역까지 확장하여 지역을 쓰는 경우가 있다. 이때 수원에 있는 의료소비자가 봤을 때, 인천까지 가야 할 정도의 명의라고 소문이 났다면 충분히 갈 수 있다. 그 정도까지는 아니라면 어떨까? 수원, 인계동의 키워드보단 차라리 인천, 부평, 구월동, 계산동, 계양구, 연수동, 송도 등 인천에 있는 세부 지역을 쓰는 게 더 효율적이다.

하지만 검색 양 낮은 키워드보단 높은 게 낫다고 생각하는 원장님이 많다. 그래야 많은 사람에게 보여줄 수 있고, 많이 찾아오리라 생각하기 때문이다.

2. 보톡스, 필러 등을 주로 하는 분당 피부과

분당 피부과를 예로 들어보자. 분당에 있는 피부과라고 하면 먼저 분당 지역을 쓸 것이다. 분당, 서현, 미금, 수내, 정자, 판교, 용인 등의 지역이다. 지역 피부과 또는 보톡스, 필러 등을 함께 사용하기 마련이다.

이렇게 분당 지역만 집중하면 될까? 문제는 여기서 끝나지 않고, 강남, 수원 등 검색 양 많은 키워드를 무리하게 운영하는 경우이다. 키워드 검색 양만 보면 강남, 수원까지 지역 확장이 필요하다 싶을 수 있다. 게다가 멀지 않은 거리라면 더욱 놓치기 아까운 키워드라고 생각할 것이다. 그래서 강남, 수원 지역의 확장은 물론 일반 사각턱보톡스, 코필러 같은 메인 키워드 위주로 전략을 세웠을까? '틀리다', '나쁘다'라고 할 수 없고, 자금력이 좋은 병원이라면 상관없다.

다만, 보톡스, 필러 등을 주력하는 피부과는 박리다매로 하는 경우가 많다. 그래서 동네뿐만 아니라 강남이나 수원 등의 지역 확장, 메인 키워드의 전략이 과연 효율적인지를 고려해야 한다.

3. 대전에 있는 교통사고 한의원

대전에 있는 한의원을 생각해보자. 교통사고 치료를 위주로 하는 한의원은 대전, 대전시청, 둔산동 지역 키워드가 가장 대표적이다. 근데 지역을 더 확장하고 싶다면 어떨까? 갈마역, 대덕구, 월평역, 오룡역 등 세부 지역을 떠올리지만, 검색 양을 보고 고개를 갸우뚱했을지 모른다. 아마도 검색 양이 10 미만인 경우가 대부분이라서 PC와 모바일을 합쳤을 때 100도 나오지 않기 때문에 등한시하는 것이다.

대신 검색 양이 높고 대전과 가까운 세종시, 천안 등으로 지역을 확장하는 경우가 많다. 과연 효과가 있을까? 지역, 진료과목 등에 따라 차이는 있겠지만, 월간 검색 양만 보고 지역을 확장하는 건 큰 의미가 없을 뿐이다.

우리 병원을 광고할 때, 키워드 선택에서 가장 고려해야 할 점은 무엇일까? 의료소비자와 잠재고객의 니즈 파악이다. 즉, 의료소비자가 어떤 부분을 고려하며, 병원을 선택할지를 생각해봐야 한다.

먼저 본인이 의료소비자라고 생각해보자. 나는 병원을 선택할 때 '거리'를 가장 중요하게 생각한다. 그리고 꼭 그 병원에서만 치료, 시술이 가능한지 등을 고려한다. 먼 지역까지 가야만 하는 경우라면 어쩔 수 없이 가겠지만, '어딜 가도 괜찮다면 굳이 멀리까지 가는 수고로움이 필요할까?' 싶기 때문이다.

예를 들면, 치과의 경우 잘한다고 소문이 났거나 주변에서 추천할 정도라면 먼 거리라도 찾아갈 수 있다. 왜냐하면, 치과는 잘하는 곳을 찾는 게 힘들기 때문이다.

하지만 보톡스나 필러라면 어떨까? 어떤 회사의 제품인지, 용량, 가격 등을 고려하는 경우가 많다. 병원 자체의 인지도보단, 의료소비자가 원하는 정보를 보고 병원을 선택하기 때문에 굳이 멀리까지 찾아가려고 하지 않을 수 있다.

교통사고는 어떨까? 사고로 몸이 아픈 상태라면 멀리 가는 것보다는 가장 가까운 곳을 고려하지 않을까? 몸이 아프고 뻐근한 상태에서 아픈 몸을 이끌고 멀리까지 가는 건 불가하다. 그래서 앞서 예시한 대전 교통사고 한의원이라고 하면 지역이 대전이라고 하더라도 대전 어디에 있는지가 더 중요할 수 있다. 특히 수술이나 입원 등이 아닌, 물리치료를 받으며, 통원할 경우라면 더욱더 가까운 곳을 선호할 수 있다.

그러나 굳이 세종시, 천안까지 넓히는 이유가 무엇일까? 아마도 '키워드 검색 양이 높은 만큼 더 많이 찾겠지?' 싶어서이다. 근데 이러한 지역 확장은 생각과 달리, 효율성에서 떨어질 수 있다.

물론 진료과목, 병원의 특성에 따라서 키워드 차이는 있다.

다만, 검색 양 많은 대표, 메인, 지역 키워드에만 집중하는 게 전부가 되어서는 안 된다. 검색 양 낮은 키워드도 함께 운영해야 하기 때문이다. 따라서 운영 전략을 세울 때는 목표, 타깃에 따라서 구분하거나 시즌, 카테고리, 지역 접근성을 고려해야 한다.

평소 모니터링하는 병원 한 곳을 예로 들어보려고 한다. 이곳 병원은 대표 키워드와 메인 키워드도 놓치지 않고 있지만, 지역 세부 키워드에 더욱 집중하고 있다. 동네 세부 지역 외에도 근처 아파트, 어린이집, 초등학교 등 매우 세부적인 키워드까지 사용한다. 동네 사람을 타깃으로 한 것이다. 동네에 있는 가까운 병원을 찾을 때 검색해도 나오는 곳이 있다면 멀리 가는 수고로움 없이 우리 병원을 찾으리라고 생각한 거 아닐까?

보통 병원에서는 랜드마크 위주로 키워드 전략을 세운다. 근데 '세부 동네 키워드는 10 미만의 검색 양인데, 뭐가 중요하겠어?' 싶은 원장님들의 심리를 생각하며, 반대로 키워드 전략을 세웠을 수도 있다. 아마도 '한 달에 검색 양이 10 미만이라고 하더라도 10명 중 1명의 의료소비자가 우리 병원을 찾는 게 1,000명의 의료소비자 중 1명이 우리 병원을 찾는 것보다 더 효율적일 수 있다' 싶기 때문이다. 게다가 큰 병이 아닌 경우 1시간 이상의 시간을 할애하면

서까지 병원을 갈까? 아니면 10분, 20분 만에 갈 수 있는 병원을 갈까? 고민하며, 가까운 곳을 찾는 의료소비자를 타깃으로 한 것이다.

예를 들면, 압구정에 살거나 직장 다니는 사람이 교통사고가 났다고 생각해보자. 과연 '교통사고한의원', '교통사고물리치료', '교통사고통원치료', '압구정교통사고', '신사교통사고', '강남교통사고' 위주로만 검색할까? '압구정현대백화점에서 가까운 교통사고 한의원', '압구정정형외과', '압구정현대아파트한의원', '압구정동교통사고한의원이나 병원' 등을 검색할 때도 있을 것이다.

다른 예도 있다. 강남에서 교정하려고 찾는 이를 생각해보자. '치과', '강남치과', '강남역치과' 등만 검색할까? '강남치아교정', '강남역치아교정' 등을 검색할 수도 있다. 근데 정작 '강남치아교정'이나 '강남역치아교정' 등을 검색했을 때는 우리 병원이 보이지 않는 경우도 많다. 그래서 검색 양 많은 키워드만 공략하는 전략은 의료소비자 니즈에 맞지 않을 수 있다는 것을 명심해야 한다.

보통 진료과목에 대한 메인, 지역 등 검색 양이 많은 키워드가 중요하다 싶어서 집중하기 마련이다. 물론, 어느 정도 필요하다.

하지만 우리 병원을 찾아올 의료소비자가 전부 대표, 지역 메인 키워드만 찾는 건 아니라는 것이다. 즉, 세부 키워드도 검색 양이 낮다고 등한시해서는 안 된다. 키워드 전략은 무엇보다 메인, 지역 세부 키워드 등 유효 키워드의 발굴이 우선되어야 하기 때문이다.

키워드 보는 법

'전략적인 운영과 체계적인 설계로 시너지 효과를 창출'

진료과목, 지역 등 메인이나 지역 키워드를 볼 때, 간혹 이해되지 않는 경우가 있다. 월간 검색 양이 터무니없을 때이다. '시즌에 영향을 받는 것도 아니고, 경쟁이 치열한 것도 아닌데 도대체 왜 검색 양이 높을까?' 싶기만 하다. 그래서 검색 양 높은 키워드는 계속 지켜보게 된다. 다음날, 그다음 날도 확인해보고, 1년 동안 평균 추이를 살펴보기도 한다. 이때 유난스럽다 싶을 정도로 특정 달부터 검색 양이 높아진 키워드라면 꼼꼼하게 살펴볼 필요가 있다. 왜냐하면, 당장 월간 검색 양만 보고 키워드를 선별할 경우 높은 견적과 달리, 제대로 된 광고 효과를 기대할 수 없기 때문이다.

그렇다면, 키워드 검색 양은 어떻게 봐야 할까? 네이버에서 검색해도 되고,

네이버 창을 열었을 때 맨 밑, 왼쪽에 있는 네이버 비즈니스·광고에서 검색 마케팅을 눌러도 된다. 그리고 계정을 만들어서 로그인하고, 오른쪽 위 끝에 광고시스템을 누른 후 도구에서 키워드 도구를 클릭하면 된다. 이곳에서 월간 검색 양이 궁금한 키워드를 검색하면 PC와 모바일의 숫자가 나온다. 한 달 동안 사용자가 검색한 키워드 검색 숫자인데, 보통 PC보다 모바일이 검색 수가 높은 편이다.

그런데 키워드에 따라서 간혹 모바일이 아닌, PC 검색 양이 높은 게 있다. 왜 그럴까? 대부분 모바일이 높은 편이었는데 PC가 높은 것을 보면 '잘못된 수치인가?' 싶기만 하다. 이는 잘못된 수치가 아니다. 모바일보다 PC가 검색 양이 높은 키워드는 이유가 따로 있다. 사무실이나 집에서 핸드폰이 아닌, PC로 검색하는 사람들의 키워드라고 생각하면 된다. 타깃층이 10대, 20대, 30대의 젊은 층보다 PC가 익숙한 어른이나 맘 카페 등에서 활동하며, 아이나 신랑을 위해 검색하는 엄마들에게 관심이 많은 키워드, 직장인의 키워드로 연령층을 고려해야 한다. 따라서 '무조건 요즘 대세는 모바일이지!' 싶어서 모바일에만 집중하거나 검색 양만 보고 '높은 검색 양을 가진 키워드가 당연히 인기일 거야!'라며, 광고를 진행했다면 좋은 결과를 기대하기 어렵다.

전략적인 키워드 운영은 검색 양, 그리고 타깃층이다. 검색 양이 많은 키워드만 찾아 우리 병원을 알리는 게 아니라 왜 높은지, 경쟁이 치열한 키워드와 효율성을 파악해야 하기 때문이다.

또한, 키워드는 검색 양 수치가 전부라고 할 수 없다. PC와 모바일의 검색 양 대비 월평균 클릭 수도 봐야 한다. 근데 원장님 대부분은 검색 양만 확인하는 경우가 많다.

하지만 키워드는 검색 양 대비 클릭을 많이 받은 게 있는데 이러한 키워드가 더 효율적이라고 할 수 있다. 만약 검색 양만 보고 월평균 클릭 수는 그동안 중요하지 않게 넘겼을까? 이번 기회에 우리 병원에서 주력으로 사용하는 키워드의 검색 양, 클릭 수 등 꼼꼼하게 확인해보자.

예를 들면 '여드름', '여드름피부과'이다. '여드름'은 PC와 모바일 검색 양은 높지만, 클릭 수는 낮다. 오히려 '여드름피부과'가 검색 양 대비 클릭 수가 높다.

'비염', '비염치료'나 '비염수술'도 있다. '비염'이 검색 양은 PC와 모바일 전부 높지만, 클릭 수는 낮다. 오히려 '비염치료', '비염수술'이 검색 양 대비 클릭 수가 높은 편이다.

이처럼 검색 양과 클릭 수는 비례하지 않는다. 검색 양 많은 인기 키워드라도 클릭 수는 낮을 수 있고, 검색 양이 낮아도 클릭을 많이 받을 수도 있다. 즉, 검색 양이 많아도 검색만 하는 것과 유효 키워드는 다르다. 게다가 검색 양이 많고 클릭 수 없는 키워드는 의료소비자보단 병원, 업체 등에서 더 많이 찾는 검색하는 예도 많다. 그래서 검색 양보다 소비자가 찾는 유효 키워드 발굴이 필요한 것이다.

그런데 키워드 검색 양은 네이버 키워드 도구를 봐야 알 수 있을까? 아니다. 앱을 통해서도 확인할 수 있다.

첫 번째, '키워드 매니저'라는 앱이 있다. PC와 달리, 이전에 검색한 키워드도 알 수 있다. 네이버 PC와 모바일의 검색 양, 연관검색어, 자동 완성어 등의 검색 양을 조회할 수 있다. 또, 네이버뿐만 아니라 다음 포털 사이트의 PC, 모바일 사용자의 검색 양도 가능하다.

두 번째는 'N 트래픽 조회'라는 앱이다. '키워드 매니저'처럼 이전에 검색한 키워드가 무엇인지를 알 수 있다. 또, 네이버 키워드 도구처럼 30일간의 검색 양과 키워드 광고 평균 클릭 수 등의 수치를 조회할 수 있다. 다만, '키워드 매니저' 앱과 달리, 네이버 검색 양만 확인할 수 있다.

만약 당장 눈앞에 PC가 없고, 앱을 다운받지 않았다면 확인은 불가할까? 아니다. 카톡에서 '카똑똑'을 검색하여 친구추가를 하면 키워드 검색 양 조회가 가능하다. 급하게 검색 양을 확인해야 하는 경우 앱을 다운받지 않고 간편하게 검색 양을 볼 수 있다.

다만, 앱이나 카똑똑의 경우 PC와 달리, 한 번에 많은 키워드를 보면서 분석하는 건 힘들기만 하다. 간단하게 조회하여 확인할 때 사용하면 효과적이겠지만, 많은 양의 키워드를 분석하기란 불편할 수 있다. 따라서 간단한 조회가 필요한 경우 추천한다.

마지막으로 키워드 전략은 메인이나 대표 키워드, 세부 키워드의 검색 양, 클릭률만 보고 끝나서는 안 된다. 우리 병원과의 경쟁이 되는 병원의 월간 검색 양도 확인해야 하기 때문이다.

경쟁병원이 우리 병원보다 인지도가 높은 편이라고 하더라도 어느 순간부터 터무니없을 정도로 검색 양이 높을 수가 있다. 이때 어느 달부터 검색 양이 높아졌는지를 파악해보는 것도 중요하다. 왜냐하면, 갑자기 높아진 검색 양을 보면 특이점을 발견할 수 있기 때문이다. 새롭게 시작한 광고매체, 이벤트 등 다른 특이점을 찾아 효율성을 분석한 후에 우리 병원에 적용하는 것이다. 경쟁업체 분석에 대해서는 뒷장에서 다시 설명하겠지만, 우리 병원의 키워드 전략뿐만 아니라 경쟁병원을 모니터링 하는 데도 매우 필요하다.

키워드 광고 1위가 중요할까

'마음을 사로잡아 잠재고객을 불러 모으는 핵심기술'

키워드 광고(검색 광고)가 인기를 끌 때가 있었다. 아마 광고라는 것을 소비자가 깨닫기 전이었을 것이다.

그러나 광고라는 걸 깨달은 똑똑한 소비자가 늘어나면서 키워드에 따라 차이는 있겠지만, 병원은 예전과 달리 키워드 광고를 통한 전환이 쉽지 않아졌다.

몇 년 전, 내가 다녔던 한의원은 처음에 키워드 광고와 블로그를 함께 진행했었다. 그러다가 갑자기 키워드광고를 끊고 블로그 광고로 바꾼 적이 있었다. 그때 원장님의 결정은 '어쩌나' 하는 걱정도 있었지만, 결과적으로 효과는 더욱더 좋았던 것으로 기억한다. 그 이후 키워드 광고 비중을 더 줄이기도 했기 때문이다.

그런데 내가 다녔던 한의원만 그럴까? 아니다. 최근 많은 병원에서는 블로그의 비중을 높이지만, 키워드 광고의 집행비를 줄이고 있다. 그 결과 병원 블로그는 그 어떤 블로그보다 저품질이 많이 나오고 있다.

하지만 자금력이 좋은 병원은 꾸준히 블로그를 구하며, 광고를 진행하고 있다. 꼭 병원뿐만이 아니라 다른 업종도 블로그 광고에 집중하는 걸 볼 수 있다. 그래서일까? 네이버는 블로그 순위를 보장하는 파워콘텐츠를 선보였다. 광고 효과를 봤을 때, 아직 파워콘텐츠의 효과는 애매하다. 시즌에 따라 블로그 키워드 단가가 꽤 비싸다면 파워콘텐츠가 나을 수도 있지만 별다른 효과가 없을 때도 있기 때문이다.

그래서 '블로그가 더 낫겠다.' 싶은 생각이 들었을까? 또는 '키워드 광고를 빼야 할까?' 싶었을지 모른다. 아니면 광고라는 걸 아직 제대로 알지 못하는 의료소비자를 생각하고 '그냥 두는 게 낫지 않을까?' 등 효율성을 계속 고민할 수도 있다.

내 친구들의 경우 키워드 광고에서 첫 번째 보이고, 이후 블로그, 카페, 뉴스 영역까지도 나오면 유명하다고 생각한다. 근데 키워드 광고는 딱 그 정도라고 할 수 있다. 이제는 키워드 광고를 통해서 우리 병원의 홈페이지로 유입된다고 해도 전환까지 기대하기란 어려운 것이다.

하지만 여러 광고매체 중에서 검색 시 가장 맨 위에 우리 병원이 나온 뒤에 다른 매체에도 보이는 등 자꾸 언급된다면 어떨까? 의료소비자나 잠재고객은 한 번 보고 지나치는 것보다 기억에 남을 수 있다. 한번 지나가면 기억에서 금방 지워지고 잊히게 되지만, 여러 번 자꾸 눈에 띄면 관심이 가기 때문이다.

예를 들면, 무명 연예인이 티브이에 한 번 나오고 끝이라면 그저 스쳐 지나

갈 뿐이다. 얼굴은 물론 이름까지 기억하기 어려울 수도 있다. 근데 지속해서 티브이에 나오면 이름과 얼굴을 자연스레 기억하고 관심이 갈 수 있다.

키워드 광고도 마찬가지이다. 그 자체의 광고 효율성을 기대하기보단 꾸준히 보여주고 우리 병원을 알리는 등 브랜드를 각인시켜주는 매체라고 생각하면 된다. 그래서 블로그만큼 많이 진행하는 매체 중 하나가 병원을 알리기 위한 목적의 키워드광고이다.

그런데 키워드 광고를 할 때, 과연 1위가 중요할까? '1위 정도 해야 유명하다고 할 수 있지!', '1위 정도 해야 더 찾겠지'라고 생각할 수 있지만, 의료소비자 중에 파워링크 1위의 병원을 바로 선택하는 경우는 많지 않다. 이것저것 검색도 하고 홈페이지나 블로그, 카페의 후기, 사례 등을 살펴보며, 상담을 남기고 병원을 방문한 후에 결제로 이어진다. 단지 '1등이니까 잘하겠지!' 싶은 생각에 바로 상담 예약을 하고 병원에 방문하여 결제로 이어지는 경우는 드물기만 하다.

이제 파워링크 클릭당 1위 단가가 10,000원, 그 밑에 순위가 상대적으로 낮은 금액일 때를 생각해보자. 과연 1위에 집중하는 게 의미가 있을까? 막상 한번 클릭했을 때 10,000원이 빠져나가는 것과 달리, 콘텐츠가 허술하기만 하다면 1등은 의미 없을 뿐이다.

예를 들어서 연결 링크가 병원 메인 홈페이지로 연결된 경우, 링크가 잘못되어서 엑박이 뜨는 예도 있다. 또, '코필러'를 검색하고 눌렀는데 랜딩 페이지는 코필러가 아닌 이마필러, 입술필러, 전체적인 필러나 보톡스 등 소비자가 찾고자 하는 정보는 빠져 있을 수도 있다. 이러면 아무리 키워드 광고 순위 1위에 우리 병원이 있다고 하더라도 전환까지 이어지지 않는다.

그래서 키워드 광고 순위 1위보다 유입된 사용자가 바로 이탈하지 않는 구성, 연결 페이지 등의 전략이 먼저이다. 우리 병원 홈페이지에 오랫동안 체류하며, 페이지뷰를 늘리고 상담까지 이어져야 하기 때문이다. 다른 병원과 큰 차이 없는 이벤트, 치료 및 수술 프로그램 등 새롭지 않고 볼거리 없는 콘텐츠라면 어떨까? 아무리 비싼 단가의 키워드 광고 1위를 하고 있어도 이탈이 많아 소용없을 뿐이다.

만약 그동안 키워드 광고 순위를 1위로 맞춰놨는데도 불구하고, '왜 이렇게 상담 문의는 없을까?' 싶다면 지금이라도 우리 병원의 키워드 광고를 확인해보자. 어떤 페이지를 연결 링크로 해놨는지 말이다. 아니면, 사용자가 찾는 정보가 없는 등 매우 허술하거나 복잡할 수도 있기 때문이다. 그래서 홈페이지에 방문한 사용자가 원하는 정보를 찾지 못한 채 상담은커녕 스크롤을 몇 번 내리다가 금세 창을 닫아버렸을 수 있다.

예를 들면, 사용자가 '코필러'를 검색했을 때 찾고자 하는 정보는 '코필러'이다. 어떤 제품을 쓰는지, 유지 기간, 가격, 지역 등을 찾고자 했을 것이다. 이렇게 원하는 내용을 담은 페이지라면 아마 상담을 남길 수 있다.

그런데 랜딩 페이지에 내용은 한가득 이라도 원하는 정보가 없거나 우리 병원 자랑만 가득하다면 어떨까? 어디 지역에 있는지, 문의를 남기는 곳조차 복잡한 경우라면 제대로 찾아볼 생각조차 하지 않고 창을 닫아버렸을 수도 있다.

결국, 키워드 광고의 핵심은 순위가 아니다. 클릭을 통해 처음 만나는 우리 병원의 랜딩 페이지는 키워드, 타깃에 따라서 콘텐츠가 우선 충실해야 한다. 따라서 전략적인 랜딩 페이지 기획, 제작은 물론, 연결 링크가 제대로 되었는지를 확인하는 등 광고 순위보다 먼저 꼼꼼하게 살펴봐야 한다.

제 5 장

소통의 왕, 커뮤니티

'꾸준하게 소통하여 충성고객을 확보.'

병원 광고는 일반적인 기업, 제품, 서비스 등과 조금 다른 방식의 접근이 필요하다. 계속 언급한 것처럼 병원은 '생명'과 직결되었기 때문이다. 그래서 시장조사 및 분석 등 원장님이 우리 병원의 광고를 생각한다면 무조건 업체에 맡기는 게 아니라 광고 담당자와 충분한 소통이 중요하다. 즉, 우리 병원의 광고 목적과 목표를 먼저 정해야 한다. 이를 통해 병원 신뢰도를 높이는 정확한 정보와 진정성을 담은 콘텐츠를 의료법을 준수하며, 기획, 제작하는 것이다. 의료소비자가 봤을 때, 너무 노골적이거나 자랑만 하는 등 반복적인 콘텐츠가 누적되면 피로감만 쌓이기 때문이다.

결국, 병원 광고라고 해도 무조건 질병에 대한 설명, 키워드 나열 등이 전부라고 할 수 없다. 사람을 움직이는 따뜻한 메시지를 담아 쌍방향 소통이 되는 커뮤니티 광고가 필요한 이유이다.

예를 들면, 아기를 낳은 산모, 엄마로서 가장 관심을 두는 부분을 생각해보자. 산후풍, 산후우울증 등 많겠지만, 임신 중에 불어난 체중을 감량하기 위한 다이어트가 대표적일 수 있다. 임신했을 때만 해도 '출산하고 모유 수유하면 당연히 살은 빠지겠지' 싶었을 것이다. 근데 살은 빠지지 않고 부종까지 생기면 거울을 볼 때마다 자존감이 떨어지고 산후우울증까지 생길 수 있다. 그래서 많은 엄마가 출산 후 다이어트에 관심을 두게 된다. 이때 엄마들에게 성지라고 불리는 곳이 있다. 지역 맘 카페, 산후조리원, 문화센터 등이다. 이곳 중에서 다이어트에 성공한 엄마가 한 명이라도 있으면 어떨까? 그 어떤 광고 매체보다 파급력이 매우 크다.

실제로 이렇게 엄마들한테 소문난 다이어트 한의원이 있다. 심지어 예약을 위해 문의하면 이미 2개월, 3개월까지는 예약이 전부 다 차서 이후에 예약할 수 있다고 할 정도라고 한다. 그만큼 매우 유명하지만, 정작 한의원에서 진행하는 광고매체는 생각과 달리 별것 없다. 맘 카페나 결혼을 하기 전 찾는 카페 등에서만 보이는 게 전부이기 때문이다.

이처럼 큰 예산 없이 경쟁 치열한 광고를 하지 않더라도 가장 효율적이며, 파급력 높은 광고라면 단연코 입소문이다. 이러한 입소문은 어떻게 해야 나는 걸까? 오프라인 만남을 통해서도 있지만, 커뮤니티, 그중에서도 맘 카페의 파급력은 무시할 수 없다. 근데 가입해야 하는 번거로움과 검색해도 우리 병원에 대한 문서가 나오지 않는 경우도 많기 때문에 원장님 입장에서는 '얼마나 광고효과가 있겠어?'라는 의문을 품기 마련이다. '정말 효과가 있긴 할까?' 싶을 정도로 확신 없는 광고라고 생각하며, 차라리 당장 눈에 보이는 블로그. 카페 등의 상위 노출이 낫다 싶을 것이다. 그래서 상위 노출에 집중하는 경우가 많다. 게다가 카페는 댓글을 남기거나 쪽지로 병원명을 문의한다고 해도 '그중 몇 명이나 우리 병원에 상담을 남기며, 유입될까?' 싶어서 보이지 않는 파급력을 믿지 못하는 경우도 많다.

물론 진료과목에 따라 차이는 있다.

다만, 미용, 비염, 탈모, 치아, 통증 등은 물론 아무리 병원에 다녀보며, 치료를 받았지만, 차도가 없다면 어떨까? 문의할 곳을 찾게 되는데, 아예 모르는 병원을 가는 것보다 의료소비자는 '아이를 키우는 엄마들이 추천하는 곳이라면 믿을 수 있다'라고 생각한다. 그래서 더욱 큰 파급력을 자랑하고 있다.

그만큼 파급력이 크다면 '우리도 한번 진행해볼까?'라며, 관심을 두게 되었을 수 있다. 만약 커뮤니티 광고에 관심을 두고 있다면 단타로 끝내서는 안 된다는 것을 기억해야 한다. 이미 맘 카페 등에서 활동하는 엄마라면 조금 다르겠지만, 그게 아닌 경우 커뮤니티는 장기적인 투자가 필요하다. 오늘 당장 가입하자마자 병원을 소개하거나 어디 병원이 좋은지 추천해달라는 글은 광고를 위한 밑밥이라는 걸 이미 많은 소비자는 알고 있다. 가입하고 얼마 지나지 않아서 바로 우리 병원을 소개하는 것보다 장기간 투자해야 효율적인 결과로 이어질 수 있다. 단타로 빨리 끝내려고 노골적인 광고를 하다 보면 오히려 반감만 커질 수 있다는 것을 명심해야 한다.

예를 들어서 비염, 탈모는 봄이나 가을을 겨냥하며, 교통사고라고 해도 꾸준한 활동을 통해 신뢰를 쌓고 우리 병원을 알리는 것이다. 또 다이어트라면 어떨까? 다이어트는 계절의 특수 없이 사계절 내내 관심을 두게 된다. 그래서 시즌이 아닌, 타깃을 좀 더 구체화하는 커뮤니티의 공략이 효율적일 수 있다.

미용과 관련된 유명한 커뮤니티 카페 몇 개가 있는데, 병원 대부분은 이곳에서 활동하는 경우가 많다. 물론 일반인도 있겠지만, 유명한 미용 카페, 대형 카페는 이미 광고장이가 너무 많다. '유명한 카페가 파급력도 크겠지.' 싶지만, 지역 맘 카페나 회원 수가 얼마 없어도 활성화된 카페 등 타깃층을 고려한 카페 선택이 더 효과적이다.

그리고 커뮤니티 카페를 이용한 광고는 병원명이나 치료법, 시술명 등의 언급을 삼가는 게 좋다. 쌍방향 소통의 장점이 있는 카페는 궁금증을 유발하거나 호기심을 자극하는 콘텐츠가 더 효과적이기 때문이다.

또한, 이벤트를 진행하는 것도 방법이다. 단순히 비용 할인 등의 이벤트가 아니다. 상담만 해도 소정의 선물을 주는 등 실제 우리 병원의 의료소비자가 자발적으로 참여할 수 있는 이벤트를 기획하는 것이다. 이를 통해 커뮤니티, 우리 병원의 지역, 맘 카페에 함께 소개된다면 더욱더 시너지 효과를 기대할 수 있기 때문이다.

체험단 뽑을 때 팁

'체험을 통한 우리 병원의 친밀감을 형성하라.'

병원에서 체험단을 진행하는 가장 큰 이유는 무엇일까? 블로그와 카페, 페이스북, 인스타그램 등 타깃이 집중된 활동을 통해 우리 병원의 호응도를 높이는 역할을 하기 때문이다. 솔직하고 진솔한 후기는 상업적인 거부감을 줄이고, 신뢰감을 조성하는 특징이 있다. 또, 양질의 콘텐츠는 우리 병원의 긍정적인 이미지를 구축하는 등 단순한 홍보와 다르다. 실제 의료소비자들의 후기는 안정적인 마케팅 효과를 기대할 수 있다.

그중에서도 블로그는 광고가 대부분이라는 것을 이미 많은 소비자가 알고 있지만, 단연코 빠질 수 없는 매체이기도 하다. 알면서도 찾는 의료소비자의 심리는 단순한 정보성 홍보 문서가 아닌, 방문하여 체험한 후기를 원한다. 그래서 많은 병원에서는 체험단을 진행하고 있다.

블로그 체험단을 할 때 고려해야 할 점은 어떤 게 있을까? 먼저 체험단 광고 시에 많은 원장님이 오해하는 부분부터 짚고 넘어가려고 한다. '체험단은 무조건 일일 방문자 많은 블로그를 뽑아야 한다.'고 생각하는 점이다. 일일 방문자가 높아야 좋은 블로그라고 판단하기 때문이다. 그래서 일일 방문자가 많은 블로그만 고집하는 경우가 많다. 매일매일 보장될 정도로 일일 방문자가 높은 블로그라면 '어떤 키워드라도 문제없이 잘 뜰 거야' 싶어서 일일 방문자에 연연했을 수도 있다.

하지만 정말 그럴까? 때에 따라 다르다가 답이다. '일일 방문자가 무조건 높다고 해서 좋은 블로그이다.'라는 것은 정답이 될 수 없다. 많은 이유가 있지만, 가장 대표적인 이유는 일일 방문자와 블로그 품질 지수는 비례하지 않기 때문이다. 유효 키워드가 많으면 방문자가 어느 정도 유입되지만, 인기 키워드, 이슈 키워드 등을 통해 방문자가 유입되는 건 잠시 반짝할 뿐이다. 또, 발행된 문서의 수와 일일 방문자가 비례하지 않을 때도 있다. 발행한 문서가 몇천 개씩 있어도 경쟁이 치열하지 않은 세부 키워드 위주로 방문자가 유지되는 것이다. 정작 경쟁 치열한 키워드는 상위 노출을 하지 못한 채 세부 키워드만 가능할 수 있다. 즉, 일일 방문자와 품질 지수는 비례하지 않는 만큼 블로그는 방문자 숫자만 연연해서는 안 된다.

A와 B 블로그를 예를 들어보려고 한다. 100개 남짓한 문서가 누적된 A 블로그는 일일 1,000명의 방문자가 들어온다. 500개~600개의 누적문서가 있는 B 블로그도 일일 1,000명의 방문자가 들어온다고 하자. 이 경우 어떤 블로그가 더 품질이 좋다고 할 수 있을까? 100개 남짓한 문서를 발행하고, 1,000명 정도의 일일 방문자가 들어오는 A 블로그와 500개, 600개 이상 문서를 발행해도

1,000명의 일일 방문자가 들어오는 B 블로그를 과연 같다고 볼 수 있을까? 발행된 문서가 많다고 해도 유효 키워드가 얼마 없는 B 블로그보다 A 블로그가 더 좋다고 할 수 있다.

만약 A 블로그는 100개의 문서를 발행하며, 일 일방문자가 800명~900명이고, 500개의 문서를 발행한 B 블로그가 일일 방문자 1,000명이라면 어떨까? 이때도 B 블로그보다 A 블로그가 낫다. 결국, 일일 방문자만 고집해서는 안 된다. '블로그 목록보기'로 어떤 키워드가 상위 노출되고 있는지 등 유효 키워드를 확인해야 한다. 문서 수가 많아도 일일 방문자 대비 블로그의 품질 차이가 있기 때문이다. 따라서 체험단 블로그를 뽑을 때는 일일 방문자 외에 어느 정도의 키워드가 가능한지도 살펴보는 게 중요하다.

그렇다면, 일일 방문자가 3,000명, 4,000명, 5,000명 정도 들어오는 블로그라면 어떨까? 일일 방문자가 많은 만큼 우리 병원을 알리는데 더 효율적이라고 생각할 수 있다.

하지만 원장님이 생각한 큰 그림과 현실은 다르다. 왜냐하면, 사용자가 원하는 정보만 찾아보고 블로그를 이탈하면 아무런 소용없기 때문이다. 볼거리 많은 블로그라서 오랫동안 체류하며, 이런저런 문서를 보다가 우리 병원의 리뷰까지 볼 확률을 생각해보자. 2,000명, 3,000명, 4,000명의 일일 방문자가 유입되는 블로그라도 막상 우리 병원의 리뷰까지 볼 확률이 얼마나 될지에 대한 부분은 장담할 수 없다. 단순하게 생각하면 방문자가 많아야 그만큼 많은 사용자가 우리 병원을 보고, 알릴 수 있다 싶었을 것이다. 근데 막상 일일 방문자만 보고 진행하는 건 생각과 달리 많은 도움이 되지 않는다.

만약에 그럴 일 없다며, '일일 방문자가 많은 블로그가 좋지!'라는 생각이 든다면 체험을 진행하는 블로거에게 우리 병원 리뷰의 조회 수를 문의하는 것도 방법이다. 방문자 대비 우리 병원의 리뷰를 얼마나 많은 사용자가 찾고 읽는 지를 살펴볼 수 있기 때문이다.

이처럼 체험단은 일일 방문자만 집중하는 게 아니라 발행한 문서 대비 일일 방문자를 확인하며, 품질 좋은 블로그를 발굴하는 게 중요하다.

이번에는 체험단에 전달하는 가이드 및 키워드를 살펴보자. 어떤 키워드가 가장 효율적이라고 할 수 있을까? 대부분의 체험단은 무료 치료, 시술로 진행하고 있다. 그래서일까? 병원으로서는 손해 보지 않기 위해서 비교적 경쟁 높은 키워드를 가이드로 전달하는 경우가 많다. 그보다는 메인, 지역 키워드, 프로그램명 또는 병원명 등 온갖 키워드를 제목에 욱여넣은 가이드를 전달하기 마련이다. 이렇게 욱여넣어서 만든 키워드가 전부 상위에 올라가면 병원에서는 만족스러웠을지 모른다.

이제 의료소비자라고 생각해보자. 검색하는 키워드마다 상위 노출이 되어 있어서 '우와~' 싶을까? 아마 아닐 것이다. 오히려 진정성 없는 노골적인 광고라고 생각하는 경우가 더 많을 수 있다. 광고라는 걸 깨달았어도 의료소비자, 잠재고객으로서는 궁금증 해소를 위해서 우리 병원의 리뷰를 찾을 때가 많다. 원장님과의 상담은 어떠한지, 치료 프로그램, 비용, 병원에 갔을 때의 대략적인 소요 시간, 예후 등에 대한 부분이다.

그런데 병원의 가이드라인 대부분은 내용보단 키워드에 집중하는 경우가 많다. 아니면, 내용이라고 해도 병원 장점을 넣으며, '이래서 좋고 저래서 좋았다' 등의 좋은 이야기가 전부였을 수 있다. 정작 의료소비자들이 알고자 하는 콘텐츠보단, 병원의 장점, 원장님의 자랑 등이 대부분을 차지하는 것이다.

예를 들면 슈링크 시술을 받기 위해서 병원 리뷰를 찾아볼 때, '시술 후 효과가 좋다.', '비용이 싸다.', '병원이 쾌적하다.' 등의 내용이 필요할까? 아니면,

슈링크 샷의 비용, 시술 소요 시간, 시술 후 화장, 세안 여부, 주름 개선 효과, 상담은 어떤 식으로 하고, 병원에서 소요되는 시간은 얼마나 되는지 등이 더 중요하지 않을까?

여드름 치료를 생각해보자. 비용이 전부일까? 치료프로그램, 원장님과의 상담 시간, 상담내용, 시술 소요 시간, 압출은 관리사가 하는지, 원장님이 하는지, 압출만 하는지, 다른 관리도 하는지, 역에서 병원까지의 거리, 치료 기간, 예후 등이 있을 수 있다.

다이어트를 생각해도 그렇다. 그동안의 평소 식습관이나 운동량 등이 있을 수 있고, 한약이라면 탕약인지, 환인지, 원장님이나 실장과의 상담 중 누구와 더 상담 비중이 큰지, 병원에서의 대략적인 소요 시간이나 거리 등이 있다. 그리고 한약의 효과와 부작용 등이 가장 궁금할 수 있다. 근데 막상 병원에서 진행하는 리뷰를 보면 음식 사진 10장~20장 잔뜩일 뿐, 정작 치료 과정, 한약 효과 등 필요로 하는 내용은 간단하다. 아니면, 병원 홈페이지에서 가져온 내용을 스크린 캡처하는 경우도 있다. 그게 정말 일반 리뷰라고 생각하지만, 애초에 리뷰가 광고라는 것을 인지한 의료소비자는 차라리 알고 싶은 정보에 대해서 자세히 알려주는 콘텐츠를 더 찾지 않을까?

병원은 체험단을 할 때 키워드를 가장 중요하게 생각하지만, 키워드가 전부가 되어서는 안 된다. 가장 중요한 건 내용 즉, 콘텐츠이다. 또 병원명의 경우 제목에 넣지 않더라도 본문에 넣으면 검색하는 과정에서 의료소비자는 충분히 찾을 수 있다. 1페이지가 아니더라도 10페이지까지 보거나 최신순 등 의료소비자는 본인이 방문할 병원의 후기를 꼼꼼하게 찾아보기 때문이다. 따라서 키워드만 욱여넣거나 좋은 점 등 칭찬만 잔뜩 하는 것보단, 진정성 있는 후기가 의료소비자의 마음을 더 움직일 수 있다.

게다가 키워드를 전달할 때는 메인 및 지역 키워드의 효율성을 생각해봐야 한다. 체험단에 전달하는 키워드 대부분은 경쟁이 치열한 경우가 많다. 이렇게 지속해서 업데이트해야 하는 경쟁 센 키워드의 효과는 과연 어떨까? 1주일채 버티지 못하고, 뒤로 밀릴 수 있다. 그래서 지속적인 업데이트가 힘든 경쟁센 키워드를 병원에서 유지하지 못할 때 체험단으로 진행하는 것이다. 물론, 경쟁 치열한 키워드는 그만큼 파급력은 더 클 수 있다.

그런데 효율성을 생각해보자. 금세 뒤로 밀리는 경쟁 센 키워드보단, 경쟁이 낮은 세부 키워드가 더 효율적일 수 있다. 오랫동안 상위에 유지된 채 우리 병원을 알릴 수 있기 때문이다.

이처럼 우리 병원을 알리는 체험단을 뽑아서 무조건 시작한다고 다가 아니다. 진정성 있는 후기, 키워드 전략이 우선이 되어야 하기 때문이다. 다른 경쟁병원과 차이 없는 똑같은 가이드, 경쟁 치열한 키워드 등의 가이드는 전부가될 수 없다. 아직 방문하지 않은 의료소비자가 찾고자 하는 진정성 있는 콘텐츠를 위한 가이드. 키워드 전략이 먼저이다.

그리고 체험단도 결국 체험이라는 것을 잊지 말아야 한다. 체험단 진행을 위해 병원에 직접 방문하거나 전화로 설명할 때 종종 느꼈던 부분이 있다. 체험단은 일반적인 의료소비자 즉, 돈을 내는 소비자, 고객과 다르다고 생각하는 점이다. '가뜩이나 바쁜데'라며, 바쁜 시간에 내원하면 원장님이나 스텝이좋지 않게 생각하는 예도 많았다.

체험단은 의료서비스를 받고 돈이 아닌, 리뷰를 통해 정당한 지급을 하고있다는 것을 명심해야 한다. 돈을 직접 내는 소비자는 아니지만, 퀄리티 높은리뷰는 우리 병원을 알리는 최고의 홍보파트너이기 때문이다. 따라서 체험단은 단순한 체험단이 아닌, 체험이라는 것을 기억해야 한다.

몇 년 전에 체험단을 진행하다가 멈춘 지역이 있었다. 그때 원장님과 통화를 했는데 나에게 했던 말이 있다. 체험단을 진행했을 때와 진행을 하지 않았을 때의 효과가 달랐다는 점이다. 그래서 체험단을 다시 했으면 좋겠다는 것이었다.

간혹 원장님 중에는 '체험단 하면서 그거 몇 개 상위에 띄운다고 효과가 있겠어?'라는 의문을 품고 있을지 모른다. 물론, 의료법을 생각하면 위험하고 효과도 얼마나 될지 몰라서 그냥 하지 않는 게 낫겠다고 생각할 수 있다. 가장 현명하다.

다만, 체험단을 진행할 예정이거나 진행 중이라면 다르다. 단지 일일 방문자만 연연하는 건 바람직하지 않기 때문이다. 일일 방문자가 아닌, 품질 지수 높은 블로그를 찾는 게 중요하다. 또, 경쟁이 치열하지 않은 키워드를 선별할 예정이라면 시술을 했을 때의 예후가 좋아 보이거나 간절하게 체험을 원하는 사람을 위주로 뽑는 게 방문자보다 더 효율적일 수 있다. 일일 방문자가 아무리 많은 영향력 있는 블로그라도 예후가 드라마틱할 정도가 아니라면 공감이 가지 않기 때문이다.

체험단은 의료소비자에게 생생한 후기를 전달하기 때문에 어떤 매체보다 파급력이 크다. 또 우리 병원의 긍정적인 이미지는 인지도 향상에도 효과적이다.

하지만 의료광고법 위반이 될 수도 있다. 따라서 평소 의료광고법을 꼼꼼하게 숙지한 후에 진행해야 한다. 그렇지 않으면 전부 삭제해야 하는 불상사를 겪을 수 있기 때문이다.

트렌디한 감성 마케팅, SNS

'강력한 파급력과 브랜드 인지도 상승효과를 노려라!'

많은 광고 매체 중에서 가장 효율적인 매체는 어떤 것일까? 가장 으뜸은 입소문이라고 할 수 있다. 입에서 입으로 전하는 구전 마케팅이야말로 전파능력이 뛰어나다. 또, 긍정적인 이미지를 구축하는 데도 효과가 있기 때문이다.

최근 이러한 입소문만큼 파급력 높은 매체 중 하나를 꼽는다면 단연코 SNS일 것이다. 정보를 무조건 전달하는 방식의 광고매체에서 쌍방향 소통이 가능한 SNS는 스마트폰 보급이 보편화 되면서 더욱 확산하였기 때문이다. 텍스트와 이미지 위주의 정보 전달 방식이었던 블로그 외에 페이스북, 인스타그램, 유튜브 등 다양한 플랫폼의 진화는 개개인 모두 '1인 미디어' 시대로 발전된 것이다. 또, 맘 카페만큼 엄마들의 관심은 인스타그램이 한몫하고 있다. 이렇게 10대뿐만 아니라 20대, 30대, 40대 등 다양한 연령층의 사용량이 증가하면서 병원도 SNS 매체를 더는 외면할 수 없게 되었다.

그렇다면, SNS의 경우 효율적인 광고 성과를 위해서 중요한 부분이 무엇일까? 병원 브랜드 SNS를 운영할 때에는 단순한 홍보 매체가 아닌, 나이와 성별, 지역 등을 고려한 양질의 콘텐츠 제공이 핵심이다. 실제 의료소비자에게는 브랜드 인지도 향상에 도움이 되며, 나아가 잠재고객에게 신뢰감을 줄 수 있어야 한다.

쌍방향 소통이 가능한 매체인 만큼 서로 간의 소통을 통해서 사람의 마음을 사로잡을 수 있는 콘텐츠가 필요하다. 그래서 일반적인 광고, 블로그나 카페 등의 광고매체처럼 단순히 상업적인 정보를 제공하고 끝나서는 안 된다. 유익하거나 유쾌하고, 감동적인 콘텐츠 등 10초, 길게는 30초 사이의 우리 병원을 알릴 수 있는 콘텐츠를 제작해야 한다.

게다가 미끼 상품 등을 지속해서 업데이트하여 실제 의료소비자, 잠재고객이 참여할 수 있도록 해야 한다. 즉, 단순히 병원에서 정보를 제공하는 방식이 아닌, 쌍방향 소통이 SNS 광고의 핵심이다.

이때 우리 병원의 성공적인 SNS 전략의 시작은 경쟁병원의 모니터링이다. 또, 성공한 기업의 SNS를 보며, 우리가 병원에 접목할 수 있는 부분이 있는지를 살펴봐야 한다. 어떤 매체라도 똑같겠지만, 파급력이 강한 만큼 제대로 활용하지 못한다면 하지 않는 것보다 못한 결과로 이어질 수 있다. 인력, 광고비를 투자했지만 아무런 피드백은 없다면 어떨까? 아무리 효과가 강력한 매체라고 해도 의미가 없을 뿐이다. 그저 요즘은 대세가 인스타그램, SNS라고 해서 '우리도 하지 뭐!' 하고 시작하는 게 아니라 충분하게 준비하고 시작해야 한다.

특히 SNS 중에서도 최근에는 인스타그램이 가장 대표적인 플랫폼이라고 할 수 있다. 최단기간의 놀라운 효과를 기대할 수 있기 때문이다. 의료소비자의 니즈에 맞춰서 제작한 콘텐츠는 긍정적인 방향을 이끌어 구매 전환과 충성도 향상에 밑거름된다.

이미지, 동영상 등을 이용한 시각적인 홍보 효과와 인기 게시물을 통한 노출 효과는 유입과 인지도 상승에도 효율적이다. 결국, 사용자의 관심을 끄는 감성적인 이미지는 의료소비자가 직접 찾아오게 하는 이미지 마케팅에 효과적이라고 할 수 있다.

더군다나 빠른 확산과 즉각적인 반응은 2차 파급력을 예상하며, #해시태그를 통한 댓글은 자연스러운 브랜드 노출이 가능하다. 이렇게 직접, 간접적으로 브랜드 노출을 확장하며, 광고 효과를 기대할 수 있는 장점이 있다. 그래서 사용자의 참여도 높은 인스타그램은 병원뿐만 아니라 많은 기업의 광고 채널로 주목받고 있다. 전략적인 기획과 참여도 높은 콘텐츠는 충성고객, 잠재고객까지 움직일 수 있기 때문이다. 따라서 우리 병원의 브랜드 인스타그램을 시작할 때면 전략적인 기획, 참여도 높은 콘텐츠 제작이 뒷받침되어야 할 것이다.

두 번째는 SNS도 체험이다. 우리 병원의 관심도가 높고 활용범위가 넓은 인플루언서는 어떤 광고매체보다 영향력이 크다. 지역, 성별, 나이, 관심사 등 사용자 정보를 활용한 잠재고객 타겟팅은 신속한 파급력도 기대 가능한 장점이 있다.

그런데 이미 많은 소비자는 광고인지, 아닌지를 구분할 수 있게 되었다. 그래서 우리 병원의 긍정적인 부분만 지나치게 강조하거나 계산적인 홍보 후기의 반복은 오히려 거부감만 생길 수 있다는 것을 명심해야 한다. 직접 경험한

객관적인 후기를 통해 실제 의료소비자와는 동질감을 형성하는 게 중요하다. 또, 우회적인 노출 홍보는 잠재고객의 궁금증을 해결하며, 효율적인 광고효과를 기대할 수 있다.

이러한 SNS는 어떤 매체보다 진정성 있는 콘텐츠가 매우 중요하다. 사례나 유익한 정보, 호기심을 유발하거나 참여도 높은 콘텐츠 등의 제공은 친밀감을 형성할 수 있기 때문이다. 또 타깃층을 구체화하는 등 의료소비자의 트렌드를 반영한 콘텐츠를 제공한다면 장기적으로 봤을 때, 우리 병원 브랜드를 구축하는 효과도 기대할 수 있을 것이다.

모두가 하는 영상광고, 병원의 효과는?

'유행을 좇기보단 유행을 이끄는 광고여야 한다.'

기존의 병원 광고는 대부분 텍스트, 이미지 위주였다. 온라인 광고만 해도 매체와 구분 없이 텍스트, 이미지 위주의 광고 방식이었던 것을 볼 수 있다.

하지만 페이스북, 인스타그램, 유튜브 등 SNS가 인기를 끌면서 영상에 대한 부분이 강조되었다. 10초~ 30초, 1분 남짓한 시간 동안 얼마나 유쾌하고 재미있는 영상인지에 따라서 인지도가 달라지고 있다. 그 결과, 기업뿐만 아니라 병원도 새로운 광고매체를 찾는 과정에서 인스타그램, 유튜브, 네이버TV 등에 올릴 동영상 광고에 많은 관심을 두고 있다.

이처럼 유행이라고 할 정도로 모두가 진행하고 있지만, 병원이라면 어떨까? '병원도 과연 효과가 있을까?' 싶기만 하다.

예컨대 아이돌을 떠올려보자. 한 달, 일 년에도 수없이 많은 아이돌이 데뷔한다고 하는데 모두가 탑이 되진 못한다. 인기를 끌면서 대박 터트리는 예도 있지만, 중간 정도 성공, 쪽박 등 전부 성공으로 이어지지 않는다. 그래서 성공을 위해 모든 방법을 동원하면서 회사에서는 알리기 위해 노력한다. 그중 어떠한 방법보다 효과적인 매체로 유튜브가 꼽히고 있다. 싸이의 성공을 통해 많은 사람이 시도하게 되었기 때문이다.

평소 티브이를 즐겨 보지 않는 편인데, 좋아하는 프로그램이 있었다. 지금은 그 프로그램을 연출하는 PD의 유튜브까지도 구독하여 챙겨보고 있다. 전부 재밌게 봤지만, 가장 기억에 남는 영상이 있다. PD가 한 번씩 라이브를 진행하는데, 그중에서도 라면 끓이는 아바타이다. 구독자의 댓글을 실시간 확인하면서 냉장고 속에 있는 토핑을 고르고 직접 끓여서 맛을 이야기하는 콘셉트이었다. 촉박한 시간 속에서 진행하는 과정 자체가 유쾌하고 재미있었지만, 이 외에도 쌍방향 소통이 매우 인상적이었다. 그리고 '이런 콘텐츠라면 병원에서도 재밌게 할 수 있겠다.' 싶었다.

의사, 병원도 이제는 서비스라고 하지만, 아직은 권위적인 느낌이 강하다.

나는 우리 엄마 때문에 대학병원에 갈 때가 많은데 진료과목, 의사의 성향에 따라 다른 점이 있지만, 분명 권위적인 느낌을 받을 때가 많았다. 특히 안과는 항상 예약 시간 맞춰서 가든, 그 전에 가든 상관없다. 기본 3시간 이상 기다려야 한다. 이렇게 하염없이 기다렸다가 의사를 만나도 1분, 2분 정도의 상담이 전부이다. 검사한 결과를 보며,

"괜찮네요."

"좀 더 지켜봐야 할 것 같아요."

"3개월 후에 다시 오세요."

등 타이머를 누르지 않았지만, 체감시간은 3분이 넘지 않았다. 사람이 많고 힘들어서라고 할 수 있겠지만, 질문하고 싶어도 괜히 질문하면 '뒤에 사람도 기다릴 텐데', 싶고 지방에서 전날 서울에 올라온 분들에게 죄송한 마음에 '괜찮다고 하니까 됐지!' 하고, 그냥 돌아간 적이 많았다.

이와 반대로 같은 대학병원이라도 내과 의사는 권위적인 느낌이 덜하다. 예약 1시간 전에 미리 가서 기다리는 건 똑같지만, 상담을 받을 때 다르다. 궁금한 부분을 먼저 질문하지 않아도 설명해주는 경우가 많다. 그리고 질문을 해도 전혀 부담이 없을 만큼 상세히 알려준다.

이처럼 평소 질문을 할 수 있는 경우라면 상관없지만, 상담할 때 의사보다 상담실장과의 대화가 더 길어서 정작 궁금증 해소가 제대로 되지 않을 때가 있다.

의료소비자가 생각할 때는 '진상'이라고 할 정도로 온갖 불만을 제기하면서 꼭 화내야 자세히 설명해줄까? 한 번이라도 더 봐줄까? 싶은 마음에 한마디씩 하기도 하는데, 의사는 하루에도 수십 명, 수백 명을 보면서 시간이 촉박하여 금방 넘어갔을 수 있다. 근데 환자는 다르다. 환자는 오롯이 의사만 믿고 있다. 본인의 질병, 미용을 위한 수술, 성형, 교정 등 몸을 맡기는 입장에서 하나도 빠짐없이 꼼꼼하게 알고 싶기만 하다.

하지만 여건이 되지 않아서 어쩔 수 없는 경우라면 어떨까? 환자와 보호자, 잠재고객 모두를 위한 방법이 있다. 기존에 주제를 먼저 알린 후 질문을 리스트로 만들어서 설명하는 방법이다. 아니면, 질병에 대한 설명이나 실시간 댓글로 질문을 받아 궁금증을 해결하는 것이다. 이러한 영상이 수백, 수천만 원 하는 우리 병원을 알리는 브랜드 영상보다 더 효과적이지 않을까? 또한, 실시간으로 끝이 아닌, 편집본을 올리는 것도 방법이 될 수 있다.

그중 다이어트는 매우 좋은 콘텐츠이다. 예를 들면 '다이어트 한약', '다이어트한의원' 등을 검색해보자. 보통 다이어트 한약의 효과를 말하며, 이벤트 비용, 실제 모델의 인바디 등을 이용한 콘텐츠가 대부분이다. 근데 이러한 콘텐츠와 차별화를 둔 마케팅 방법이 있다. 원장님이 직접 한약을 만들어서 살을 빼는 경우이다. '나도 먹었어, 안심해!'라고 한약의 안전성과 3개월 전후의 인바디, 체형의 변화 등의 사진과 '10kg은 문제없다'고 한약의 효과를 보여주는 것이다. 의료소비자가 볼 때, 과연 '우와~' 싶기만 할까? 다이어트를 하려고 한의원을 찾아볼 때, 아예 아무런 콘텐츠 없이 효과만 언급하는 것보단, 눈길이 갈 수 있다.

다만, 궁금증이 생기게 된다. 정말 한약만 먹은 걸까? 운동? 식단? 등 평소 다이어트할 때의 생활까지도 궁금할 수 있다. 한약의 효과인지, 부가적인 도움이 필요한지 알고 싶기 때문이다. 또 아무리 체질을 고려했다고 하더라도 변비나 가슴 두근거림, 식은땀 등 부작용이 동반될 수 있는데, 참고 복용해야 하는지, 약을 바꿔야 하는지 등 궁금증은 끝이 없다. 그래서 원장님이 모델이 되어 직접 만든 한약을 복용하고, 다이어트를 할 것이라면 처음 시작한 날, 3개월 후 인바디나 체형 변화 사진 등의 결과가 끝이 아니다. 과정도 함께 만드는 콘텐츠를 제작해보는 것이다. 이미지보다 영상이 더 눈길을 끌 수 있어서 아침, 점심, 저녁의 다이어트 식단 등 영상을 제작해보면 어떨까? 다이어트 식단을 말로만 설명하는 게 아닌, 요리 과정과 재료의 효과, 궁합 등을 함께 풀어주면서 영상을 제작하는 방법도 있다.

예전에 당뇨를 중점으로 치료하는 한의원이 있었다. 주기적으로 한 번씩 한의원 환자를 불러 모아 식단과 요리법 등을 설명하며, 함께 식사했다. 그러면서 밥상 차리는 한의사로 유명해지고, 티브이에도 자주 나왔던 적이 있다.

이렇게 인기를 끌었던 밥상 차리는 한의사처럼 한의원을 불러 모으는 방법이 아닌, 참여도 높은 영상 제작을 통한 소통은 어떨까? 단지 피해야 할 식단과 좋은 식단 등을 읊어주고 설명하는 게 끝이 아니다. 재료의 궁합, 한의사라면 체질을 고려한 다이어트 식단 등 사진이 아닌, 요리과정을 제작하는 것이다. 그 후 반응은 어떨까? 영상을 보며, 사용자가 식단을 만들고 영상이나 요리법 사진 공유 등 참여도 높은 콘텐츠는 얼마든지 재생산된다. 특히 평소에 정보가 없어서 식단관리를 제대로 하지 못하는 경우 더욱 도움이 될 수 있다.

치과라면 어떨까? 의외로 어린이, 성인 구분 없이 양치질을 올바르게 못 하는 경우가 많다. 양치질의 방법부터 치실 사용법 등의 콘텐츠도 좋다. 또 건강한 치아를 70세, 80세까지 유지하는 평소 습관 등의 설명은 더욱 인기를 끌 수 있다. 노화로 걱정하는 건 주름보다 치아이다. 주름이 많다고 아프거나 고통스럽지 않지만, 치아는 조금만 아파도 예민해지기 때문이다. 그래서 치과의사의 꿀팁은 더욱 호응도가 클 수 있다. 만약 치과 중에서도 어린이 치과를 운영하거나 계획 중이라면 엄마를 고려한 아이의 치아 관리 중요성을 강조하는 것도 도움이 될 수 있다.

그런데 왜 이렇게 원장님이 직접 만든 영상 제작을 강조하는 것일까? '수백만 원, 수천만 원 들여서 제작하면 더 퀄리티 좋은 영상이 나올 텐데' 싶은 생각이 들 수 있다. 그래서 기획, 퀄리티는 '우리가 최고다'하는 곳과 미팅 후 영상을 제작하는 게 낫지 않을까? 싶을 수 있다. 영상은 제작 후가 더 중요하다. 공들여서 제작한 영상을 많은 소비자에게 널리 퍼져 나가야 브랜드 인지도가 상승하기 때문이다. 인스타그램, 유튜브, 네이버TV, 홈페이지, 영화관 광고, 버스 광고 등 매체는 다양한데, 수백에서 수천만 원의 영상을 제작한다고 해도 퍼트리기 위해서는 광고비가 든다.

그러나 이렇게 큰 비용을 들여서 영상을 퍼트린다고 해서 끝이 아니다. 아무리 잘 만든 영상이라고 하더라도 수천 번 반복되는 콘텐츠에 소비자는 흥미를 잃기 때문이다. 즉, 아무리 좋은 기획력 짱짱한 영상을 제작하더라도 평생 상용할 수 없다. 그래서 희소성 높은 수천만 원의 영상 제작은 병원이라면 추천하지 않는다. 생각과 달리 아무리 호응도가 높아도 금세 잊히기 때문이다.

예전의 유명 연예인이 광고한 피부과, 성형외과가 있었다. 그때는 분명 호응도가 좋았던 것 같지만, 지금 일반 소비자에게 어딘지 물어보면, 몇 명이나 기억하고 있을까? 유명한 사람이 모델로 나왔지만, 소비자 기억 속에 오랫동안 남지 않을 수도 있다. 병원에서는 야심 차게 준비했다고 해도 결국 잊히는 건 마찬가지이다.

게다가 병원 광고는 유명 연예인이 나오는 경우가 아니면 생각보다 파급력은 크지 않다. 유쾌하거나 호기심을 유발하는 등의 영상이 아니라면 수백에서 수천만 원을 내면서까지 영상을 제작하는 건 의미 없을지 모른다. 그러므로 차라리 원장님이 부지런하게 직접 발로 뛰는 방법을 추천하는 것이다. 왜냐하면, 참여도뿐만 아니라 '신뢰', 믿음이 가기 때문이다. 유명 연예인이 나오거나 잊히지 않을 정도의 강렬함, 유쾌함 등의 병원 광고도 기억에 남을 수 있지만, 결국 내 몸을 맡길 의사의 신뢰가 가장 소비자 관점에서 눈길이 가지 않을까? 즉, 의료소비자뿐만 아닌 충성고객과 잠재고객 등의 호응도까지 끌어낼 수 있다.

요즘에는 높은 건물을 올려다보면 한 건물에도 2개, 3개 이상까지 병원이 차지하고 있는 경우가 많다. 피부과, 치과, 성형외과, 한의원 등 다양한 진료과목이 있겠지만, 강남은 피부과, 성형외과가 하나의 건물에도 몰린 경우가 있다. 병원의 공급이 많아지면서 의료서비스라는 말도 생겨났다. 이렇게 병원이 늘어나면서 의료소비자의 선택은 넓어졌다. 대학병원이 아닌 경우라면 골라서 갈 수 있다. 그만큼 꼼꼼하게 확인하고 살펴보기 때문에 검색만 하면 어디서든 찾을 수 있는 흔한 정보는 소비자의 관심을 끌지 못한다. 우리 병원에서만 볼 수 있거나 궁금증을 풀 수 있는 정보가 필요하다. 그래서 텍스트, 이미지가 아닌 영상 제작을 할 때 이러한 부분을 접목하는 것이다. '영상은 탄탄한 구성이 중요한 거 아닐까?'라는 편견이 아니라 실제 의료소비자가 가장 알고 싶어하는 궁금증을 원장님이 직접 해결해 주는 것이다.

또 하나의 방법은 의료소비자의 참여도 높은 영상을 제작하는 방법이다. 이 때 중요한 부분이 있다. 대가성 영상은 의료법 위반이 될 수 있는 만큼 꼼꼼히 알아보고 제작해야 한다는 점이다. 영상을 제작하면서 현금을 받지 않았다고 하더라도 치료비 면제, 할인 등 경제적 대가는 문제가 될 수 있기 때문이다.

이렇게 제약이 있어서 영상을 어떻게 제작하는 게 좋을지부터 의문을 품을 수 있다. 의료인이 아닌 자가 후기를 올리면 문제가 된다.

하지만 후기의 경우가 아니라면 어떨까? 경쟁병원에서 수시로 모니터링을 하며, 악의적인 신고를 하지 않는다면 하루 평균 방문자 10만 명이 넘지 않는 유튜버의 경우 사전심의 대상에 포함되지 않는다. 더군다나 후기를 제작하지 않는 게 포인트이다.

예를 들면, 모발이식을 했다고 하자. 병원 방문 전에 휑한 모습과 현재의 모습을 보여주고, 시술법과 병원을 소개한다면 문제가 될 수 있다. 근데 본인의 사례와 상담 시 내용, 비용, 모발을 심은 개수 등 병원명이나 시술명이 아닌, 궁금증을 풀어주는 콘텐츠라면 어떨까? 아니면, 모발이식을 하기 전에 유튜브를 운영한 영상이 있다면 굳이 본인이 모발이식을 했다고 말하지 않더라도 알릴 수 있다. 모자를 벗거나 헤어스타일링에 한껏 힘을 주며 이전과 달라진 모습만 소개하는 것이다.

또한, 연재도 있다. 아무리 과정보단, 결과 중심의 사회라고 하더라도 과정은 결코 빠질 수 없다. 과정이 없었다면 성공이나 실패는 존재할 수 없기 때문이다.

혹시 유튜브에 우리 병원의 경쟁병원이나 진료과목을 토대로 검색해본 적이 있을까? 보통 검색해서 나오는 병원 영상은 후기영상이 가장 많다. 근데 후기영상은 대부분 1개로 제작되었다. 처음 치료를 받기 전에 어떤 상태였고, 그동안 콤플렉스를 겪은 에피소드 등을 인터뷰한다. 우리 병원을 방문하게 된 계기, 우리 병원 전에 다른 치료를 받았거나 병원을 갔던 적이 있는지, 어떤 치료를 받았는지를 설명하고, 전후의 결과와 우리 병원을 만나서 달라졌다는 희망적인 이야기 등을 하며, 마무리하는 순서가 대부분이다. 물론 하나의 영상이라도 전후 사진을 비교하며, 지난날의 상황 등을 이야기할 때 '마치 나와 같네.' 싶어서 당장에라도 병원에 달려갈 수 있다.

그런데 왜 꼭 하나인가 싶은 것이다. 하나의 인터뷰 영상이 아닌, 연재는 어떨까? 처음 사진과 마지막 영상에서 나오는 모습만 보면 '진짜야?', '보정 아니야?'라고 의심이 생길 수 있기 때문이다.

원장님이 병원에 방문한 환자와 상담하는 과정을 볼 때마다 '영상을 제작하면 좋겠다.' 싶은 적이 많았다. 원장님의 성향, 상담 스킬에 따라 차이가 있지만, 의료소비자가 병원에 방문하기 전, 미리 간접 경험을 통해 긍정적인 이미지와 신뢰를 형성할 수 있기 때문이다. 꼭 환자를 앞에 두고 하지 않아도 화면을 뚫고 나올 정도의 어색한 인터뷰 영상이 아닌, 환자가 앞에 있다고 생각하고 설명하는 게 더 자연스러울 수 있다.

요즘에는 길에서 '브이로그'라고 해서 실시간으로 영상을 찍는 사람을 자주 볼 수 있는데 이런 사람들처럼 영상을 촬영하는 방법도 있다. 처음 병원에 방문했을 때부터 '설문지, 검사, 상담, 시술이나 치료 시간, 대기시간 등 병원에서의 소요 시간을 편집 없이 촬영하는 것도 의료소비자가 궁금할 콘텐츠가 될 수 있겠구나' 싶기 때문이다.

병원을 방문하기 전 소비자가 병원 정보를 찾을 때 가장 궁금한 부분이 무엇일까? 시술하고 나면 어떤지, 몇 번의 치료가 필요한지 등에 대한 부분이다. 처음에 어떤 상태이고, 치료 후 얼마나 좋아졌는지 전후 결과도 중요하지만, 과정도 궁금할 수 있다. 시술 후 화장이나 세안 등 미용상의 부분이거나 생활의 불편함 등 치료, 시술, 수술 후의 과정이다. 그래서 주 차별 진솔한 영상을 제작하는 것이다. 명현 현상이나 정체기 등 효과가 좋아지는 날도 있고, 별다른 차도가 없는 날도 있다. 이런 것을 숨기지 않고 호기심을 자극하는 우리 병원만의 스토리 있는 콘텐츠 기획과 제작이 더욱 효과적일 수 있다.

그런데 왜 원장님이나 의료소비자의 참여도 높은 영상을 추천하는 것일까? 원장님의 인터뷰 영상보다 요리과정, 양치질 방법, 상담 과정 등을 설명한 이유가 있다. 우선 나조차 아무리 경쟁병원을 모니터링 한다고 해도 딱딱한 인터뷰 영상은 생각보다 눈길이 가지 않는다. '유쾌하거나 유익한 영상, 재미있거나 감동적이어야 볼만하다' 싶은데, 일반적인 인터뷰 영상은 너무 딱딱하다. 그래서 움직일 수 있고, 음성의 높낮이가 변화되는 영상, 아니면 유익한 영상 등을 추천하는 것이다. 무엇보다 인터뷰 영상은 너무 많다. 그러므로 이제는 시도하지 않는 방법을 해보는 것이다.

또한, 상담이나 진료 시간, 시술, 치료까지 처음 병원에 방문하면 얼마나 소요되는지, 두 번째, 세 번째 소요 시간이나 어떤 과정을 거치는지 등 사진보단 영상으로 남기는 것도 좋다. 이렇게 우리 병원의 진솔한 스토리가 담긴 콘텐츠 기획과 제작이 수백, 수천만 원의 광고보다 더욱 빛을 발할 수 있을 것이다.

광고는 매체에 따라서 한두 달 안에 반짝 효과를 볼 수 있는 것도 있지만, 영상광고는 예외이다. 즉, 영상광고는 장기투자가 필요하다. 하루, 한 달 만에 불꽃처럼 파 박하고 튀어 오르지 않기 때문이다. 따라서 영상광고를 제작할 때에는 브랜딩 전략이 중요하다. 우리 병원을 떠올릴 때 소비자가 어떤 이미지가 떠오를지를 생각해야 한다. 그래서 '영상 제작 잘한다.' 등 기획력 좋다고 하는 업체와 영상광고 미팅만 해서는 안 된다. 유행을 이끄는 진솔한 광고를 시작하는 게 더 필요하다.

게다가 영상도 경쟁업체 분석은 필수다. 경쟁병원에서 어떤 형태의 영상광고를 진행하고 있는지부터 파악해야 한다. 이후 경쟁병원과 차별화를 둔 새로운 콘텐츠를 기획해보면 어떨까? 만약 영상 광고에 관심을 두고 있다면 모두가 똑같이 하는 유행을 좇는 광고가 아닌, 유행을 이끄는 광고를 시작해보는 것이다.

제 6 장

우리 병원 정말 잘해요

'무한 경쟁 시대, 똑똑한 의료소비자들의 선택을 받아야 한다!'

몸이 안 좋을 때 어떻게 할까? 심하지 않는다면 약국에 가서 약을 사다가 먹을 수 있다.

하지만 참기 힘들 정도라면 어떨까? 아마도 당장 병원에 달려갈 것이다. 처음에 별것 아닌 작은 병이라면 동네에 있는 병원을 가지만, 큰 병이라면 다르다. 큰 병이라는 걸 알게 되면 진료의뢰서를 받아 상급종합병원, 3차 의료기관을 알아보게 된다. 서울아산병원, 서울대학교병원, 삼성의료원, 세브란스 등이 대표적일 수 있다. 한 번도 가본 적이 없다고 해도 몸에 병이 생기거나 나빠지면 우리는 자연스럽게 큰 병원을 떠올린다. 굳이 '우리 병원 진짜 잘해요', 라고 열심히 알리지 않아도 알아서 찾아가는 것이다.

대학병원처럼 우리 병원도 의료소비자가 알아서 찾아와 준다면 좋겠지만, 현실은 어렵기만 하다. 그래서 '우리 병원 정말 잘해요'라고 꾸준히 마케팅해야 한다.

먼저 생각해보자. 만약 우리 병원 환자의 친구, 직장동료가 병원을 소개해 달라고 하고 있다. 치료를 그동안 잘 받았던 환자라면 어떨까? 괜찮다, 잘한다고 우리 병원을 소개해 줄 환자가 몇 명이나 있을까? 정말 만족스러웠다고 예후도 좋다면 소개해 줄 수 있다. 근데 소개를 해줬다가 마음에 들지 않아도 말하지 못할까 싶어서 병원은 쉽게 소개하지 않는 경우가 많다. 물론 정말 잘하는 병원이라면 먼저 소개하거나 괜찮다고 말할 수도 있지만, '몇 명이나 될까?'에 대한 부분을 고민해봐야 한다.

꼭 질병에 대한 치료뿐만이 아니다. 미용을 위한 목적, 비염, 다이어트, 물리

치료 등 소개하거나 추천할 정도로 우리 병원이 정말 잘한다고 생각할까? 마케팅으로 자랑을 늘어놓는 게 아니라 실제 우리 병원의 환자가 판단하는 몫이기 때문이다.

그런데 과연 어떨까? 원장님이 생각하고 자부하는 의료시술만큼이나 환자도 똑같이 느끼고 있을까? 차이가 있을 수 있다. 그래서 병원 광고를 할 때는 '우리 병원 잘해요', '최고예요' 등의 자랑이 전부가 아니다. FAN을 만들어서 저절로 찾아오도록 하는 게 더 중요하기 때문이다. 그게 진짜 바이럴 마케팅이라고 할 수 있다. 네이버 지식 백과에서 보면 바이럴 마케팅(Viral marketing)은 소비자에게 바이러스처럼 빠르게 확산하는 새로운 방법이다. 라고 설명했다. 블로그나 카페 등 소비자에게 자연스럽게 정보를 제공하여 신뢰도와 인지도 상승, 구매 욕구를 자극하는 것이다. 따라서 충성고객 즉, FAN을 만들어야 한다.

예를 들면, 연예인은 FAN이 있어야 존재한다. 연예인이 길고 긴 무명을 보내는 건 FAN이 없어서이다. 불러주는 사람이 없다 보니까 무명으로 보내는 날이 길어지는 것이다. 찾는 사람이 많고 맹목적으로 응원해주는 FAN이 있다면 무명의 시간은 길지 않았을지 모른다.

병원도 마찬가지라고 할 수 있다. 충성고객, FAN을 만들어야 한다. 그렇다면, FAN을 어떻게 만들 것인가? '치료를 잘한다.', '서비스 좋다' 등 100번, 1,000번 이야기를 하면 무조건 믿고 찾아올까? 티브이 속에 얼굴을 자주 비추는 유명한 의사, 명의라면 충성고객인 FAN이 생기면서 자연스럽게 병원 이름도 알려져서 많이 찾아올 수 있다.

하지만 티브이 속에 비추지 않는다면 어렵기만 하다. 그래서 광고를 하는 것인데, 우리 병원의 자랑만 나열하는 것이 아니라 FAN을 만드는 전략은 어떤 게 좋을까? '잘해요!', '최고예요!'라고 수없이 말하면 찾아줄까 싶지만, 아니다. 요즘 의료소비자는 검색만 하면 수많은 정보를 찾을 수 있는 만큼 요목조목 따져보면서 가장 효율적인 선택을 한다. 특히 생명을 다루는 병원은 더 살피기 마련이다. 또, 꼭 생명을 다루지 않는다고 하더라도 미용 등을 위해서 시술, 성형할 때 예후 좋은 결과를 위해서 찬찬히 살펴보고 알음알음 주변 친구, 지인들에게 추천을 받아 병원을 선택한다. 그리고 검색을 통해서 병원을 찾아보기도 하는데, 그저 잘한다고 장점만 나열해서는 '우와~' 라고 의료소비자는 생각하지 않는다. 가장 중요한 부분은 '믿음'과 '신뢰'를 보여줘야 한다. 치료에 대한 믿음 즉, 상담이 중요하다. 원장님이 졸업한 대학교나 이력이 아닌, 진정성이다. 10년, 20년의 치료경력이 곧 노하우이고, 실력이라는 자부심이 강할 수 있다.

하지만 환자에 대한 진심을 보여주는 게 입 아프게 '잘한다.', '최고다.'라고 떠드는 것보다 우선이 되어야 한다. 아무리 좋은 칭찬, 최고 등의 자랑도 말뿐이라면 소용없다. 환자를 돈으로 보는 의사의 모습이 아닌, 행동으로 보여주는 게 먼저라고 할 수 있다.

예를 들면, 광고했던 병원 중에 생각나는 원장님이 있다. 항상 환자가 없다고 이야기를 했지만, 환자가 없었던 게 아니었다. 환자를 돈으로만 보기 때문에 매출이 저조한 것이다. 처음 상담을 할 때부터 환자에게 돈은 있느냐고 물어보는 일도 있었다. 아무리 잘한다고 소문을 내도 어떨까? 막상 소문을 듣고 내원했지만 상담했을 때 환자는 불쾌감을 느꼈을 수 있다. 그래서 병원에 방문한 소비자의 실제 경험담도 대부분 좋지 않았다. 아무리 유명하고 잘한다고 광고를 해도 돈으로만 볼 뿐, 환자에 대한 진정성이 없었기 때문이다. 다른 예도 있다. 집중되지 않을 정도로 상담 내내 왔다 갔다 하거나 스텝과 쪽지로 대화하는 원장님, 3분, 5분 만에 상담이 끝나고 자세한 내용은 원장님이 아닌, 실장과 대화를 나누라고 하는 경우 등이다. 처음 우리는 병원에 예약하기 전에 문의한다. 그러면 원장님을 만나봐야 알 수 있다고 하는데, 막상 원장님과의 상담, 진료는 3분, 5분 남짓하고 실장과 상담이 30분, 1시간이라면 어떨까? 도대체 왜 원장님이 직접 봐야 한다고 했는지, 이해가 되지 않을 수 있다.

이처럼 신규환자가 없다고 해서 공격적인 마케팅만 하는 게 전부가 아니다. 정작 광고를 보고 '잘한다.'라는 말을 믿고 우리 병원에 방문한 의료소비자가 느꼈던 불쾌감은 충성고객이 아닌 안티로 이어질 수 있기 때문이다.

의사의 경력, 이력, 출신학교는 병원을 선택하는 의료소비자에게 우선순위가 되지 않는다. 진정한 FAN을 만들어 우리 병원을 알리고 싶다면 광고도 필요하지만, 이미 우리 병원을 찾은 의료소비자가 만족할 수 있는 진정성과 예후가 더 중요하다.

예컨대 아이돌의 경우 5명~10명 정도의 멤버 중에서도 유독 인기 많은 멤버가 한 명씩 꼭 있다. 얼굴이 잘생기거나 노래를 잘 부르거나 춤을 잘 춰서 인기가 많을 수 있다. 근데 '왜 그 멤버만 유독 인기가 많은 걸까?'라는 생각이 든 적이 있었다. 그래서 그 사람을 좋아하는 친구에게 질문하면 돌아오는 답변은 팬서비스가 남다르기 때문이라고 했다. 좀 더 친근한 멤버일수록 인기가 많다는 것이다. 그리고 그를, 그녀를 좋아하는 팬은 다른 친구들에게도 자상하거나 베풀 줄 아는 사람이라고 소문내며, 알리고 싶어 한다. 가만히 있어도 저절로 팬이 앞다투어서 소문내기 때문에 인기는 더욱 치솟는 것일지 모른다.

이처럼 신규환자를 늘리기 위해서는 광고도 중요하지만, 신규환자에게만 집중하는 것은 의미가 없다. 기존 환자가 절대적으로 신뢰할 수 있는 우리 병원의 충성고객이 먼저이다. 만약 주변의 누군가 병원을 알아볼 때, 주저함 없이 우리 병원을 추천할 수 있어야 하기 때문이다. 따라서 원장님의 진정성과 신뢰가 뒷받침되어야 광고와 함께 시너지 효과를 기대할 수 있다.

덧붙이자면, 우리 병원이 잘한다고 매달 광고비를 내며, 열심히 마케팅만 하면 끝일까? 평판이 나쁘면 소용없다는 건 모두가 알고 있을 것이다. 그래서 좋지 않은 소문이 있는지를 자주 확인하고 있을까? 홈페이지, 블로그, SNS나 커뮤니티 카페도 있지만, 지도검색도 꼼꼼하게 살펴봐야 한다. 강남 등 동네에 많은 병원이 몰려서 길을 찾거나 거리 등을 볼 때 지도검색을 하는 경우가 많다. 단순히 위치만 보는 게 아니라 평점도 함께 볼 수 있기 때문이다. '네이버 지도 검색'에는 방문한 사람의 영수증을 통해 후기와 평점을 남길 수 있는 기능이 있다. 평점이 좋고, '친절하다.', '잘한다.' 등의 글이나 두 번째, 세 번째 방문 등이 있다면 신뢰하기 마련이다.

그런데 차라리 아무 평점이 없는 게 낫다 싶을 때도 있다. '원장님이 불친절하다.', '실장이 불친절하다.' 등 부정적인 글이 많고 공감한다는 글이 있으면 어쩐지 꺼려지기 때문이다. 띄어쓰기 포함 10자, 20자 내외의 짧은 글이라고 생각할 수 있다.

하지만 아무리 잘한다고 칭찬하는 광고 글, 리뷰 등을 봐도 부정적인 글 하나에 마음이 움직이는 게 소비자의 심리이다. 따라서 우리 병원이 정말 잘한다는 광고만 해서는 안 된다. 신뢰를 쌓는 진료와 함께 평소 커뮤니티나 지도 등 우리 병원의 평점, 후기 등을 수시로 모니터링하는 것도 잊지 말아야 한다.

자랑이 아닌 브랜딩

'의료소비자의 마음을 움직이는 병원 이미지 구축하라!'

만약 주변에 친구, 친구 부모님, 회사 사람 등 주변 사람이 몸이 안 좋다고 한다. 아픈 증상을 듣고 바로 'xx 병원으로 가봐!'라고 자신있게 추천할 정도로 우리 병원의 특화된 진료과목이 있는지 생각해보자. 꼭 질병이 아닌 피부에 관심을 두고 보톡스, 필러, 슈링크 등을 시술받으려고 할 때도 마찬가지이다. '시술 자체가 꽤 괜찮다.', '좋다.'고 하며, '어떤 피부과든 장비만 있다면 똑같지!', 라고 말하는 사람이 있을 수 있다. 그리고 보톡스, 슈링크 하면 바로 떠오르는 피부과가 있거나 본인이 갔던 병원을 추천할 때도 있다.

나는 지하철보다 차창 밖이 보이는 버스를 선호하는 편이다. 그래서 버스를 자주 이용하는데, 버스 번호가 달라도 노선이 같은 경우 듣게 되는 게 있다. 어떤 정거장을 정차할 때마다 나오는 병원 광고이다. 사실 평소에는 별다른 신경을 쓰지 않고 지나친다. 근데 주변에서 그 병원의 특화된 진료과목과 같은 질병을 앓고 있거나 시술을 고민하며, 어디가 좋을까? 라고 물어본 적이 있었다. 그래서 한 번도 가본 적 없지만, 버스 광고로 들은 병원을 추천해줬던 기억이 있다. 또, 친구가 허리가 아픈데 수술은 겁난다고 해서 일반 한의원이나 정형외과도 있지만, 비수술을 주력으로 하는 허리 전문병원이 떠올라서 알려준적도 있다.

이처럼 산부인과 하면 생각나는 병원, 지방 흡입하면 캐릭터부터 생각나는 병원, 탈모하면 생각나는 한의원, 소아 치료하면 생각나는 한의원 등이 있다. 직접 병원에 가서 진료받고, 치료, 시술을 받지 않아도 생각나는 병원이다. 병원을 직접 방문한 것도 아닌데, 왜 기억에 남을까? 무조건 잘한다고 지속적인 자랑을 했기보단, 병원만의 브랜딩이 자연스레 각인된 것이다.

그런데 딱 떠오르는 병원은 생각보다 많지 않다. 그래서 우리 병원을 알리기 위해 앞다투어 잘한다고 이야기하며, 자랑한다. 근데 아무리 잘한다고 하며, 매달 꽤 큰 광고비로 마케팅을 한다고 해서 전부는 아니다. 우리 병원의 자랑만 늘어놓는 콘텐츠보다 중요한 건 브랜딩 즉, 병원 하면 떠오르는 이미지를 만들어야 한다.

특히 병원 광고는 병원이 아닌, 의료소비자 입장을 먼저 생각하는 게 중요하다.

예를 들어서 비염을 겪는 의료소비자라고 하자. 비염 때문에 매일 약을 먹으며, 수술해볼까? 싶지만, 겁이 날 수 있다. 그래서 비수술적 치료를 위해 블로그, 홈페이지 등을 꼼꼼하게 살펴볼 때, 어떤 부분을 가장 눈여겨볼까? 원장님이 어디 학교를 나왔는지, 석사인지, 박사인지가 중요할까? 아니면, 검색을 통해서 엄청나게 좋은 치료법이라고 소문이 난 곳을 갈까? 비염 하면 생각나는 곳이 있다. 가장 먼저 떠오르는 건 영화관에 병 맛 광고로 인기를 끌었던 한의원인데, 병원명보다 약 이름으로 더 유명세를 알렸다. 두 번째는 비염을 겪는 많은 이에게 화제가 되었던 한의원이다. 각자 세숫대야를 앞에 두고 콧물을 줄줄 뽑아냈던 장면이 티브이에 반영되었기 때문이다. 그래서 그 병원을 가보지 않은 사람들조차 시원해 보일 것 같은 느낌 때문일까? 쿵쿵거리는 내 모습을 보면서 추천해주는 경우가 종종 있었다. 심지어 티브이에 나온 콧물만 뽑는 장면만 찾아서 나에게 보여준 적도 있었다.

이처럼 우리 병원을 알리려면 단순히 잘난 척하거나 자랑만 나열해서는 안 된다. 우리 병원을 말하면 딱 떠오르는 이미지 또는 질병, 시술 등을 말하면 딱 떠오르는 병원이 되어야 한다. 즉, 인지도를 높여야 한다.

게다가 잘한다고만 하면 오히려 의료소비자는 반감만 커질 수 있다. 그래서 획기적인 콘텐츠 기획과 제작도 중요하지만, 의료소비자나 의사도 사람이다. 즉, 사람과 사람과의 관계, 호흡이 중요하다.

예컨대, 오랜만에 만나도 전혀 불편하지 않고, 어제 만난 것처럼 편한 사람이 있다. 반대로 자주 만나도 만날 때마다 불편한 사람이 있다. 도대체 무슨 이유일까? 아마도 자주 만나도 불편한 사람은 너무 비관적이거나 자기 할 말만 하며, 자랑이 심해서 거부감이 들기 때문이다.

병원 광고도 마찬가지이다. 한두 번의 자랑은 '우와~' 하며, '이런 것도 했어?'라고 생각할 수 있지만, 듣기 좋은 칭찬도 자꾸 하면 질리기 마련이라는 걸 명심해야 한다.

만약 지금 이 책을 보고 있다면 당장 검색해서 확인해보자. 우리 병원은 소비자에게 어떤 이미지를 목표로 마케팅을 하고 있는지 말이다. 단순히 많이 보여주면 된다 싶어서 상위 노출에만 신경 쓰고 있는지, 문서 발행 개수를 채우기 위한 담당자의 기계적인 콘텐츠 생산뿐인지, 원장님의 출신학교, 경력만 자랑하고 있는 것은 아닌지, 병원의 의료장비 개수의 자랑, 돈 주고받은 상을 인정받았다고 허세 떨고 있진 않은지, 제품의 정량, 정품만 강조하고 있는지 등 특별할 것 없는 자랑이 전부일지 모른다. 다른 병원과 견주었을 때 손색없을 정도의 특별함 자체는 아예 없었을 수도 있다. 이렇게 늘 똑같은 자랑만 나열하고 있다면 우리 병원의 광고 방향성을 재정비해 볼 필요가 있다.

의료소비자가 우리 병원을 떠올렸을 때 어떤 이미지였으면 좋겠다 싶은 '이미지'를 생각한다면 그에 맞는 전략을 기획해야 한다. 아니면, 시술이나 치료하면 딱 떠오르는 병원을 만드는 데 집중해야 한다. 의사의 이력, 자랑이 아니라 스토리를 만들어야 오랫동안 기억에 남을 수 있기 때문이다. 단순히 병원의 장비가 몇 개인지를 소개하기보단, 병원의 스토리 말이다.

예를 들면, 의료 장비를 좋아하는 원장님이 있었다. 장비 욕심이 많았다고 했었던 것 같다. 이때 장비가 그저 몇 개인지 숫자의 나열로 끝나는 광고는 의미가 없다. 각각 장비가 가진 차이점, 장비를 왜 많이 갖춰 놓게 되었는지에 대한 스토리를 담는 게 중요하기 때문이다. 이러한 상황에서는 A형의 장비를 사용하고, 저런 상황에서는 B형의 장비를 사용해야 하는 이유부터 의사와 장비, 기존 환자들과의 스토리 등을 제작하는 것이다. 단순히 장비가 50개, 70개 또는 최첨단 MRI 도입 등 장비의 개수나 최신의료기기의 자랑이 아니다. 원장님이 선택한 이유 등을 스토리로 제작하는 게 더 신뢰가 가지 않을까?

치과의 경우를 생각해보자. 임플란트나 치아교정보다 신경치료의 집중하는 원장님이 있다. 뽑아야 할 정도의 치아를 살리는 원장님이야말로 엄청난 기술이라고 할 수 있지만 알리지 않으면 소용없다. 그저 '신경치료를 잘해'가 아닌, 치아를 살리는 데 집중하는 치료, 우리 치과만의 스토리가 필요하다. 이를 통해 공감을 유도하고 신뢰를 준다면 우리 병원의 충성고객은 더욱 늘어날 것이다.

그리고 명심해야 할 것이 있다. 처음부터 너무 어렵게 시작하면 안 된다는 점이다. 우리 병원에서 하고자 하는 말을 의료소비자는 100% 이해하지 못한다. 즉, 전달하고자 하는 내용을 전부 이해할 수 없는 만큼 조급함을 버려야 한다. 천천히 여유를 갖고 브랜딩 구축을 준비하는 게 중요하다.

또한, 타깃을 세분화하는 것도 필요하다. 병원 이름, 치료법 등의 브랜딩도 중요하지만, 타깃층을 정하는 것도 매우 중요한 일이다. 10대, 20대, 30대, 40대, 50대 연령층이나 남성, 여성 같은 성별의 타깃이 아닌, 좀 더 세분화하는 타깃 말이다. 의료인이라고 해도 전문분야가 있다. 외과 전문의라고 해도 허리 수술을 잘하는 의사가 있고, 신경외과 전문의가 있다. 성형외과 의사라고 해도 눈 성형을 잘하거나 재수술을 잘하는 의사가 있고, 치과의사도 신경치료를 잘하거나 성인병 때문에 임플란트가 어렵고 힘들지만 유독 잘하는 의사가 있다. 이렇게 의사라도 전문분야가 다르듯, 타깃층도 세분화가 필요하다. '누구에게나 좋다고 해야지, 무슨 소리야!?' 싶거나, '모두에게 열린 광고로 우리 병원의 환자가 한 명이라도 찾아와야 하는데 세분화를 왜 해?' 싶을 수 있다.

그런데 타깃의 세분화는 한 분야의 전문가, 우리 병원만의 이미지 구축이 가능한 장점이 있다.

예를 들면, 트로트를 떠올려보자. 지금은 전 세대층을 아우를 정도로 인기가 있지만, 과거 트로트는 어떤 이미지였을까? 중장년층에게만 인기가 좋았다. 아이돌도 마찬가지이다. 소녀, 소년 팬에게 인기가 많다. 꼭 음악이 아니라고 해도 취향에 따라 나뉘게 된다. 그래서 상품개발, 제품홍보 등을 할 때 타깃

설정을 하는 것이다.

　병원도 똑같다. 타깃을 고려한 전문가의 이미지는 좀 더 신뢰하는 병원 이미지를 기대할 수 있다. 광고의 효율만 생각하고 자랑한다고 해서 마케팅이 아니다. 의료소비자 눈에 우리 병원이 어떻게, 어떤 이미지로 보일지에 대한 방향을 정하는 게 우선이다. 천 번 넘게 잘한다고 하는 자랑보단, 소비자가 기억할 수 있는 이미지가 더 오랫동안 남기 때문이다. 따라서 의료소비자가 우리 병원을 떠올렸을 때, '어떤 이미지를 떠올렸으면 좋겠다,'라는 부분을 고려한 전략적인 마케팅을 시작하자.

경쟁업체 분석

'옆의 병원이 유독 잘되는 이유를 파악해야 한다.'

『나이키의 경쟁자는 닌텐도』라는 책이 있다. 나이키의 경쟁상대라고 하면 스포츠 브랜드를 떠올리게 되는데, 어이없게 닌텐도라고 한다면 '뭐야?' 싶기만 하다. '왜 나이키의 경쟁이 닌텐도일까?' 싶은 것처럼 우리도 생각해보자.

우리 병원의 경쟁병원은 어디일까? 혹시 '우리 병원이 최고인데, 경쟁상대가 있겠어?'라는 생각을 하고 있다면 위험하다. 경쟁자가 없다면 본인조차 발전할 수 없기 때문이다. 아무리 1등을 놓치지 않는다고 해도 경쟁자는 있어야 한다. 근데 경쟁병원이 없거나 롤 모델로 삼고 싶은 병원이 없다면 지금 당장 찾아보자. 그리고 우리 병원과 경쟁병원의 차이점, 특징 등을 찾아 배울만한 점을 분석해봐야 한다.

그런데 경쟁병원을 모니터링 하는 것보다 중요한 건 먼저 우리 병원을 알아야 한다. 경쟁병원 모니터링은 수시로 하고 있지만, 정작 우리 병원을 모니터링 한 적이 있을까? '당연히 잘하겠지' 믿은 채로 지내며, 경쟁병원만 모니터링 했을 수도 있다. 그런데 생각해보자. 아무리 경쟁병원을 모니터링 해도 정작 본인을 알지 못한다면 무슨 의미가 있을까? 경쟁상대도 중요하지만, 우리 병원이 지금 어떠한 상황인지를 먼저 알아야 한다. 그래서 우리 병원에 대한 모니터링이 필요한데, 광고매체만 확인하면 될까? 어떤 방향, 목표로 광고를 진행하는지에 대한 부분도 중요하지만, 내부부터 확인해보자. 홈페이지에 상담 문의를 남기거나 전화상담 등 내부 확인도 중요하다. 왜냐하면, 똑같은 문구를 복사, 붙여넣기 한 것 같은 코멘트뿐이라면 몇 명이나 예약할까? 싶기 때문이다. 아니면, 자세한 건 '원장님과의 상담이 중요하다'라는 답변이라면 어떨까? 원장님을 보고 상담을 해야 알 수 있다는 건 모두가 알고 있다. 그래도 혹시나 하는 궁금증에 대해서 질문을 할 때, 매번 반복적인 답변이 전부라면 어떨까? 그 답변을 보고 '여기 병원으로 정했어!' 싶은 생각이 들까? 따라서 '우리 병원은 문제없을 거야!'라고 당연하게 넘기는 게 아니다. 경쟁병원의 광고 스타일 등 모니터링 전에 우리 병원을 먼저 알아야 한다. 검색만 하면 알 수 있는 광고도 중요하겠지만, 상담은 제대로 갖춰졌는지 등 주기적인 모니터링도 필요하다.

예를 들면, 처음 우리 병원의 홈페이지를 소개팅 전, 사진을 본 상대방의 처음 이미지라고 하자. 이때 예약을 위한 상담이 첫인상이고, 병원 이미지라고 할 수 있다. 소개팅 전에 사진을 보고 소개팅을 할지, 하지 않을지를 고민한다. 우리 병원 홈페이지도 마찬가지이다. 처음 병원을 선택하기 전 홈페이지를 보고 예약할지, 다른 병원에 문의하기 위해서 다시 연락한다고 할지 등을 고민하는 건 홈페이지의 첫인상뿐만 아니라 상담 예약 같은 상담 스킬에서 좌우된다고 할 수 있다.

일전에 알고 지냈던 상담 실장한테 들은 이야기가 있다. 10시에 병원이 오픈일 때, 10시에 전화를 받거나 상담 예약을 보고 전화하면 이미 늦어서 환자를 뺏긴다고 했다. 우리 병원만 상담을 남겼다면 모르겠지만, 같은 동네, 같은 진료과목을 하는 경쟁병원에도 상담을 남기면 뺏길 가능성이 크다고 했다. 실제로 경쟁병원도 10시에 대부분 오픈한다고 했을 때, 10시 전에 경쟁병원에서는 미리 상담 이력을 확인하고 연락을 했는지, 뺏긴 경우가 여러 번 있다고 했다. 그래서 병원 핸드폰은 24시간 항시 대기하는 게 좋다고 한 적이 있다.

또한, 홈페이지에 연락처를 남겼다면 댓글만 남기고 끝나면 안 된다고 했다. 전화나 카톡 등 쌍방향 교류를 통해 좀 더 자세한 정보를 알려주는 게 환자를 끌어올 방법이라고 했던 적이 있다. 이처럼 우리 병원에 문의가 있을 때 어떻게 진행하고 있는지 등을 꼼꼼하게 확인하는 것부터 모니터링의 시작이다.

우리 병원 모니터링만 하면 끝일까? 아니다. 두 번째가 필요하다. 경쟁병원에 대해서도 파악해야 하기 때문이다.

"우리는 왜 안 되는 거야?"

라고 말을 하며, 경쟁병원의 매출과 자꾸 비교하는 원장님이 있다. 아니면,

"이 정도로 많은 인력과 광고비를 쏟아붓고 있는데, 왜 우리는 환자가 없지?"

라는 말을 하며, 자꾸 다그치는 경우도 있다. 원장님 입장에서는 이해할 수 없는 상황이라고 생각할지 모른다. 아낌없는 투자에도 별다른 호응이 없는데 경쟁 병원은 '월 매출이 좋다'라는 이야기를 듣게 되면 답답하기 때문이다.

경쟁병원보다 매출을 올리기 위해서 마케팅만 공격적으로 하면 될까? 아니

다. 우리 병원의 마케팅만 공격적으로 한다고 해서 전부가 될 수 없다. 우리의 인력, 광고비로 많은 매체를 해도 정작 잘 되는 병원의 전략을 분석하지 않는다면 소용없기 때문이다. 그래서 잘 되는 병원의 광고 전략을 파악하기 위한 모니터링이 필요하다.

그렇다면, 경쟁병원의 모니터링은 어떻게 해야 좋을까? 가장 먼저 홈페이지 분석이 있다. 홈페이지에 나온 정보를 토대로 주력하는 진료과목을 알 수 있고, 이벤트 진행 여부 및 비용, 지역 상권, 홈페이지의 퀄리티, 책, 인터뷰, 상장, 논문, 특허 등 의사의 인지도를 확인할 수 있다. 네트워크는 지점 수, 지역 분배 등에 대한 파악도 가능하다. 또, 병원소개 페이지나 지점 페이지 등을 보며, 병원에 방문하지 않더라도 인테리어나 분위기 등을 어느 정도 예상할 수 있다.

키워드 검색 양을 보며, 확인하는 방법도 있다. 경쟁 병원과 우리 병원의 월간 검색 양을 보면서 인지도를 확인하는 것이다. 이때 우리 병원과 검색 양이 비슷하다면 '그렇구나.' 싶을 수 있지만, 간혹 엄청나게 검색 양이 많다면 어떨까? 평소 꾸준히 경쟁병원을 모니터링 하고 있었다면 '새롭게 시작한 광고 때문에 갑자기 검색 양이 늘었나?' 하는 생각을 하게 된다. 그리고 좀 더 세심하게 살펴보고 분석할 수 있다. 만약 모니터링을 자주 하지 않아서 왜 갑자기 검색 양이 늘었는지를 바로 파악하기 어려울 경우라면 어떨까? 월간 검색 양이 아닌, 병원명을 눌러서 1년 동안의 월별 검색 양의 추이를 살펴보면 된다. 그 기간 경쟁병원에서 새로 시도한 광고매체나 특이점이 있었는지를 파악하는 것이다. 즉, 갑자기 검색 양이 변화된 기간을 보면서 경쟁병원에서 시도한 광고, 이벤트, 특이점 등이 있는지를 살펴보면 된다.

광고매체는 어떻게 확인해야 할까? 검색이다. 네이버에서 병원명이나 주력 진료과목에 대한 키워드로 검색하면 여러 광고매체가 나온다. 그중 키워드광고(검색 광고)를 눌렀을 때의 랜딩 페이지가 메인 홈페이지인지, 키워드에 맞춰진 페이지인지 등 전략과 디자인 퀄리티 등을 확인할 수 있다.

또한, 메인, 지역 키워드, 진료과목에 따라서 하나씩 검색해보는 방법도 있다. 이때 검색을 하며, 찾는 방법도 있지만, 블로그 몇 개를 찾는 것도 방법이다. 블로그를 찾아 목록보기를 통해 메인, 지역 키워드 전략을 볼 수 있기 때문이다. 시즌에 따른 메인 키워드의 전략, 지역 키워드가 랜드 마크 위주인지, 세부 지역까지 확장하는지 등이다. 블로그에 따라서 문서 스타일(문법, 디자인) 등을 보며, 업체를 몇 군데 정도 진행하고 있는지에 대한 부분까지도 대략적인 파악이 가능하다. 그리고 키워드나 문서 스타일에 따라 타깃층을 볼 수 있으며, 문서 자체에서도 가장 밀고 있는 내용, 시술, 치료법 등을 확인할 수 있다.

블로그가 아닌, 카페나 보도 자료, 유튜브, SNS 등도 같은 방법으로 확인하면 된다. 이 외에도 홈페이지에 문의 글을 남기거나 전화상담, 카카오톡 상담 등을 통해 상담 스킬도 대략 예상할 수 있다.

이렇게 우리 병원과 경쟁병원 분석을 했다면 끝일까? 열심히 살펴보고 분석하고 끝난다면 아무런 발전도 기대할 수 없다.

하지만 업체에서는 경쟁병원 분석만 하고 끝인 경우가 많다. 모니터링 후에 우리 병원과 차별점을 찾기란 시간이 촉박해서 힘들기 때문이다. 그래서 시키는 일만 겨우 하는 경우가 많다. 아니면, 이미 만들어 놓은 포맷에 이미지, 그래프 등을 살짝 바꾸고 보여주기 중심의 보고서를 만들 뿐, 제대로 분석하지 않았을지도 모른다. 근데 이렇게 이야기를 하면 원장님 입장에서는 '그동안 속았네.'라고 생각할 수 있지만, 이는 원장님의 잘못이다. 매달, 매주, 매일 보여주기를 위한 보고서 작성과 경쟁병원 분석은 시간이 촉박한 경우 제대로 보고 분석하며, 생각할 시간 자체가 없기 때문이다.

그래서 경쟁병원 분석만 하고 끝나지 않았을까? 어쩌면 원장님조차 보고서를 받았지만, 수박 겉핥기식으로 대충 훑어보고 지나쳤을지 모른다. 결국, 우리 병원과 차별점을 찾아 보완하지 않는다면 아무런 발전도 없고, 경쟁병원 분석은 무의미하다. 따라서 우리 병원을 생각한다면 경쟁업체 분석 후 보고서가 아닌, 소통해야 한다. 우리 병원의 현재 상황, 경쟁병원의 주력 광고매체, 현황, 이벤트 등을 확인하며, 우리가 보완, 개선할 점 등을 함께 의논하는 것이다. 우리 병원과 경쟁병원의 모니터링을 통해 보완, 개선한다면 좀 더 발전할 수 있기 때문이다.

의사의 눈에 좋은 건 소비자의 눈에는 별로이다

'구성에 병원의 정체성을 담아라!'

'고슴도치도 제 새끼는 예쁘다.'라는 속담이 있다. '부모가 자녀를 지나칠 정도로 좋게 보는 건 잘못이다.'라는 뜻이다. 꼭 자녀뿐일까? 본인의 눈에 좋게 보인다면 무조건 좋다고 한 적은 없을까? 때에 따라 다를 수 있지만, 병원이라면 어떨까? 원장님 눈에 좋게 보여도 다른 사람 즉, 의료소비자 눈에 어떻게 보일지를 생각해봐야 한다. 좋게 보인다면 다행이지만, 현실은 아닐 수도 있다.

예를 들면, 소개팅을 앞둔 남자와 여자가 있다고 하자. 남자는 여자가 마음에 들어서 한껏 들떠서 소개팅을 준비한다. 멋있는 옷을 장만하거나 옷장에서 가장 아끼던 옷을 꺼내 입을 수 있다. 이렇게 본인이 생각했을 때 가장 예쁘고 멋있다고 생각한 옷을 입고 소개팅에 나간 그 날, 어땠을까? 여성도 예쁘고 멋있다고 생각하면 성공이겠지만, 아닐 수도 있다. 오히려 첫인상에서부터 호감이 아닌, 비호감이 되면 두 번째, 세 번째 만남은 아예 생각조차 하지 않을 것이다.

병원 광고도 마찬가지다. 처음 우리 병원을 알게 된 의료소비자, 잠재고객이 직접 방문했거나 광고, 홈페이지 등을 봤을 때의 첫인상이 어떠했는지가 중요하다. 인테리어나 환자 응대 등 병원의 인상도 중요하겠지만, 홈페이지, 랜딩 페이지 등을 보게 되었을 때의 처음 이미지를 생각해야 한다. 세련되거나 고급지고 궁금증을 없앨 수 있는 알찬 내용이 가득하다면 이탈도 낮고 페이지뷰나 체류 시간도 높을 것이다.

그런데 노골적인 내용이나 많은 걸 보여주기 위해서 이것저것 넣었다면 어떨까? 의료소비자가 볼 때, 조잡스럽거나 지저분할 뿐이라면 바로 창을 닫아서 이탈이 높을 수밖에 없다. 따라서 오랫동안 머물고 싶은 알찬 구성과 콘텐츠, 디자인이 중요하다.

처음 홈페이지 메인을 기획한 뒤 시안을 받아 진행하는 과정에서 수없이 수정을 거듭하는 경우가 많다. 수십 번 고치며, 이건 빼고, 저건 넣고, 메인페이지에 보여주고 싶은 콘텐츠가 매우 많았을 수도 있다. 500만 원에서 1,000만 원, 2,000만 원, 3,000만 원 넘는 홈페이지이기 때문에 알차게 이것저것 넣고 싶었을지 모른다. 물론 이것저것 넣는 건 문제가 되지 않는다. 정작 문제가 되는 게 있다면 원장님 눈에 만족할 정도의 구성이 의료소비자 눈에도 잘 들어오느냐에 대한 부분이다.

'우리는 이것도 잘하고, 저것도 잘해.', '상도 많이 받았어.'라고 온갖 내용 다 보여주면 '우와~' 할까? 아마 더욱 신뢰하며, 우리 병원을 선택하게 될 것으로 생각하지만, 오히려 반감이 생겨 빨리 창을 닫을 수 있다. 보여주고 싶은 내용이 100이라고 해도 100중에 의료소비자가 필요로 하는 정보가 하나도 없다면 쓸모없기 때문이다.

그동안 홈페이지를 제작할 때마다 겪었던 일이다. 원장님들과 의논을 하면서 진행했지만, 처음 기획과 달리 점점 살이 붙었고 홈페이지에는 많은 내용이 첨부되는 경우가 많았다. 홈페이지 메인이나 랜딩 페이지에 가득 넣은 우리 병원의 자랑을 보면서 원장님 입장에서는 흐뭇하거나 흡족하다 싶었을지 모른다. 근데 과연 의료소비자도 그렇게 느낄까? 상을 얼마나 받았는지, 원장님이 어디 학교를 나왔는지 등이 아닌, 치료 사진이나 후기, 지역 어디에 병원이 있는지 위치가 더 궁금할 수 있다. 또 비용, 이벤트 등의 궁금증과 본인의 증상이 어떤 병인지를 확인하는 자가진단을 하는 방법, 콤플렉스 극복을 위한 수술, 시술에 대한 예후 등을 찾을 것이다.

하지만 정작 질환 정보는 병원마다 비슷비슷하게 만들어놓은 경우가 많다. 그리고 '우리가 잘해'라고 하며, 의료진의 출신학교, 이력, 상패 등을 강조할 때가 더 많다. 근데 이러한 정보는 의료소비자에게 크게 와 닿지 않을 뿐이라는 것이다.

게다가 지금은 4차 혁명 시대이다. 검색만 하면 원하는 정보를 빠르게 습득할 정도로 의료소비자들은 매우 똑똑하다. 더군다나 병원이 늘어나면서 경쟁은 더욱 치열해졌다. 그래서 원장님 눈에 만족스러운 콘텐츠가 때에 따라 다르겠지만, 의료소비자는 흥미가 없을 수도 있다. 따라서 의사가 만족하거나 좋은 게 아니라 일반 소비자의 눈으로 기획하는 기획자, 디자이너 눈을 믿는 게 더 효율적일 수 있다.

에필로그

얼마 전 친구를 만났다. 예전에 같이 일했던 친구였는데, 무슨 이야기를 하다가 내게 물었다.

"뭘 보고 믿는 걸까?"

우리가 보면 아무것도 모르는 호구 같은데, 싶어서이다. 근데 그런 호구처럼 보이는 사람에게도 더한 호구가 있다. 호구에게 보이는 호구라니? '지금 내이야기인가?' 아니면, '나는 아니겠지!' 생각하고 있는 원장님이야말로 진정한 호갱님일지 모른다.

생각해보자. '저비용 고효율', '무료 홈페이지 제작', '월 매출 보장', '의사가 의사의 마음을 가장 잘 이해합니다.' 등의 말을 들으며, 광고를 맡겼던 건 아닌지 말이다. 솔깃한 말과 함께 가려운 곳을 긁어준다고 생각한 순간, 속았을 수 있기 때문이다. 그래서 공부했으면 좋겠다 싶었다. 마케팅에 관심이 많은 원장님이라면 더는 이상한 말을 듣고 속지 않았으면 하는 바람이었다.

　책을 쓰는 동안 많은 영감이 되었던 원장님 몇 분이 떠올랐다. 원장님들 덕분에 내 오랜 꿈인 작가가 될 수 있었다. 정말 감사하다.

　혹시 '내 이야기야?'라고 생각하는 원장님이 계신다면 저에게 언제든 연락해주세요. 감사 인사와 함께 커피 한잔 사드릴게요.

고마워요!

책을 쓰는 동안 감사한 분들이 너무 많았습니다. 많은 응원과 아낌없이 격려해주셨던 분들께 정말 감사합니다.

세상에서 가장 사랑하는 우리 엄마 정재순 여사님, 우리 아빠 한재구님, 한결같이 믿고 응원해주는 큰언니 한지은님, 둘째 언니 한지승님, 사랑하는 조카 홍성효, 홍수연, 그리고 형부 홍종표님, 책을 쓰는 동안 백수인 내게 밥과 커피를 제공해준 내 친구 김진희님, 사랑하는 내 친구의 아들 윤우준, 소재가 없을 때마다 말동무가 되어준 최은지님, 내게 처음 책을 써보라고 했던 장민령님, 김은혜님, 내 삶의 위로 고인주님, 그리고 조혜영님, 전미지님, 언제나 친절하게 답해주는 조한기 오빠, 배려와 존중이 넘치는 유아이코퍼레이션 윤은식 대표님, 최고의 명의 서울대학교병원 영상의학과 김지훈 교수님, 내 꿈을 응원하며, 멋지다고 항상 격려해주시는 권영인 팀장님, 책을 쓰는 동안 많은 소재를 제공해준 김종찬 원장님, 박정열 원장님, 내게 이 일이 천직이라고 격려해주셨던 원장님 그리고 한 분, 한 분 전부 인사드릴 수 없지만, 진심으로 감사드립니다.